Die Liebe wird euch leiten...

Lebensbild nach den Aufzeichnungen
der Anna Krügelstein (1713 –1778)

Die Liebe wird euch leiten...

Lebensbild nach den Aufzeichnungen
der Anna Krügelstein (1713 –1778)
zusammengestellt, bearbeitet und herausgegeben

von

Heinz-Dieter Fiedler

© 2017 Heinz-Dieter Fiedler
Herstellung und Verlag:
BoD - Books on Demand, Norderstedt
ISBN 9783743167711

Inhalt:

Vorwort	7
Einführung: Die „Herrnhuter"	9
1. Kindheit in Mähren	15
2. Flucht nach Herrnhut	19
3. Jugend in Herrnhut	23
4. Kindermädchen in Ebersdorf	27
5. Heirat und Dienst in Herrnhut	30
6. Dr. Krügelstein	33
7. Dienst an mancherlei Orten	37
8. In Livland	41
9. Die Gefangenen in der Petersburger Festung	46
10. Sieben Jahre in Petersburg	56
11. Verbannung nach Kasan	66
12. Heimkehr nach Herrnhut	76
13. Die letzten Lebensjahre	83
Anhang: Lebensdaten der Anna Krügelstein	87

Vorwort

*Nikolaus Ludwig Graf von Zinzendorf, der bekannte
Liederdichter und charismatische Begründer der Herrnhuter
Brüdergemeine schrieb zu Anna Golds Trauung mit dem Arzt
Dr. David Siegmund Krügelstein ein Gedicht, in dem es heißt:
„Die Liebe wird euch leiten, den Weg bereiten ..."
Dieser Satz könnte als Motto über dem Leben dieser Frau
stehen. Sie ließ sich von der Liebe leiten ...
... der Liebe zu ihrem Mann, dem sie während seiner 11
jährigen Festungshaft in St. Petersburg treu zur Seite stand
und mit dem sie schließlich in die Verbannung nach Kasan
ging,
... der Liebe zu ihrer Kirche, der Herrnhuter Gemeine, der sie
ihr ganzes Leben lang diente,
... und vor allem der Liebe zu ihrem Heiland, zu dem sie ein
ganz persönliches, inniges Verhältnis hatte.
Anna Gold, verheiratete Krügelstein, hat ihre Erlebnisse
selbst aufgeschrieben.
Der Lebenslauf wurde, wie es bei den Herrnhutern Sitte ist,
zu ihrem Begräbnis verlesen. Gedruckt wurde er erstmals im
Jahr 1873 im „Brüder-Boten", der damaligen Zeitschrift der
Herrnhuter, allerdings in gekürzter und bearbeiteter Form.
Nachfolgend wird der originale handschriftliche Lebenslauf,
so wie er im Archiv der Evangelischen Brüdergemeine
Ebersdorf vorliegt, nahezu unverändert wiedergegeben. Zur
Vertiefung sind noch einige Passagen aus dem Lebenslauf
ihres Mannes, des Dr. David Siegmund Krügelstein, an
geeigneten Stellen eingefügt.*

Einführung: Die „Herrnhuter"

Die Anfänge der Brüdergemeine reichen in das 15. Jahrhundert zurück und gründen sich auf den tschechische Reformator Jan Hus. Als dieser 1415 in Konstanz sein Leben für seine Glaubensüberzeugungen lassen musste, begannen große Unruhen in Böhmen und Mähren, die zu den Hussitenkriegen 1419 bis 1434 führten. Große Teile des Volkes trennten sich zunächst von der katholischen Kirche, bevor es dann doch wieder zu einem Kompromiss mit Rom kam. Lediglich eine kleine Gruppe, die sowohl die kriegerische Gewalt der Radikalen als auch die Einigung mit Rom ablehnte, zog sich in die Wälder Ostböhmens zurück, um in einer Gemeinschaft ganz nach dem Evangelium zu leben. Als Geburtsstunde der „Unitas Fratrum", der „Gemeinschaft von Brüdern", gilt der 1. März 1457. Die Brüder-Unität breitete sich rasch aus und zählte Anfang des 16. Jahrhunderts in Böhmen und Mähren etwa 100 000 Mitglieder. Die Bibel wurde ins Tschechische übersetzt, eine vorbildliche Gemeindeordnung wurde entwickelt, und es entstanden viele Lieder, die zum Teil heute noch gesungen werden. Im Zuge der Gegenreformation wurde die Brüder-Unität dann nahezu ausgelöscht; wenige Familien hielten sich im Stillen noch zu ihr, viele waren geflohen, vor allem nach Polen und Ungarn. Der letzte Bischof der Böhmischen Brüder, der vor allem als Pädagoge berühmte Johann Amos Comenius (1592-1670) bemühte sich vergeblich um die gleichberechtigte Anerkennung der Brüder-Unität im Westfälischen Frieden.

Erst Anfang des 18. Jahrhunderts eröffnete sich für einen Teil der heimlich Evangelischen in Böhmen und Mähren der Weg zu einem Neuanfang. Unter dem Einfluss des deutschen Pietismus wanderten kleine Gruppen aus und fanden in Sachsen und Preußen eine neue Heimat. Einige siedelten sich auf einem Landgut des jungen Grafen Nikolaus Ludwig von Zinzendorf an.

1722 wurde der erste Baum zum Anlegen einer Siedlung nahe Berthelsdorf in der Oberlausitz gefällt. Dieser Ort erhielt den Namen Herrnhut, denn die Bewohner wollten sich bewusst „unter des Herrn Hut" stellen. In wenigen Jahren entstand eine Siedlung, die unter der inspirierenden Leitung des Grafen Zinzendorf stand und zu einer geistlichen Gemeinschaft zusammenwuchs, in der man Glauben und Alltagsleben miteinander verband. Auch Gläubige aus deutschen und anderen europäischen Ländern, die im Konflikt mit ihren Kirchen standen, suchten in Herrnhut eine neue geistliche Heimat.

Als eigentlicher Beginn dieser „Erneuerten Brüder-Unität" gilt der 13. August 1727. Nachdem die tiefgreifenden Spannungen unter den Siedlern beigelegt werden konnten, wurde bei einer Abendmahlsfeier in der Kirche in Berthelsdorf die geistliche Einheit in überwältigender Weise erlebt. Die Orts-Satzung, die man sich gab, orientierte sich weitgehend an den Statuten der Unitas Fratrum. Die Zahl der Mitglieder wuchs in den darauf folgenden Jahren auf einige Hundert.

Es entstanden weitere Ansiedlungen in Deutschland und anderen europäischen Ländern. Weltweit bekannt

*wurden die Herrnhuter durch ihre Missionstätigkeit.
Bereits 1732 gingen die beiden ersten Missionare
aus Herrnhut auf die Karibikinsel St. Thomas.
Weitere Sendboten folgten innerhalb weniger Jahre
nach Grönland, Südafrika und Surinam in
Südamerika. Herrnhuter Missionare waren mit
unterschiedlichem Erfolg auf allen fünf Erdteilen
tätig und machten die Brüdergemeine zu einer
weltweiten Kirche.*

*Nikolaus Ludwig Graf von Zinzendorf, der schon als
Jugendlicher beschlossen hatte, sein Leben ganz in
den Dienst Jesus Christus' zu stellen, fand in der
Herrnhuter Brüdergemeine seine Lebensaufgabe und
prägte diese Glaubensgemeinschaft maßgeblich. Er
nahm große persönliche Entbehrungen auf sich,
wurde angefeindet und zeitweise aus Sachsen
verbannt. In dieser Zeit zog er mit seinen Getreuen,
der „Pilgergemeine", durch Deutschland und Europa.*

*Heute sind die Herrnhuter eine ganz „normale" evangelische
Freikirche. Viele der Besonderheiten und das meiste der
typischen Lebensform aus den Anfangsjahren sind verloren
gegangen. Die Gemeinschaft ist unter dem Namen
„Evangelische Brüdergemeine", aber auch als „Herrnhuter
Brüdergemeine", „Mährische Kirche" oder „Moravian Church"
bekannt. Die in den Gründungsjahren übliche Schreibweise
„Gemeine" – ohne „d" – ist heute Bestandteil des amtlichen
Namens, im allgemeinen Sprachgebrauch sind beide Formen
anzutreffen.*

Für das Verständnis des Lebenslaufs der Anna Krügelstein sind einige Erläuterungen nützlich:
Männer und Frauen der Gemeine werden Brüder und Schwestern genannt, ohne dass damit ein besonderer geistlicher Stand verbunden ist. „Bruder" und „Schwester" ist auch die heute noch übliche Anrede, gewöhnlich in Verbindung mit dem Familiennamen. In der Schriftform verwendet man meist die Abkürzungen Br. und Schw. Mehrere Mitglieder der Gemeine unterschiedlichen Geschlechts bezeichnet man als Geschwister (Geschw.), auch wenn es sich um ein Ehepaar handelt. (Mit Geschwister Meiers ist also gewöhnlich das Ehepaar Meier gemeint.)
Eine typische Besonderheit der Brüdergemeine ist die Einteilung der Gemein-Mitglieder in die sogenannten „Chöre". („das Chor" – als Bezeichnung für eine Gruppe Personen mit ähnlichen Bedingungen und Interessen.)

Diese Einteilung gibt es heute noch, sie war früher aber noch sehr viel ausgeprägter. In der Brüdergemeine richtet sich die Chorzugehörigkeit nach Geschlecht, Alter und Familienstand. Es gibt also das Chor der ledigen Schwestern (alle unverheirateten Frauen), das Chor der ledigen Brüder (alle unverheirateten Männer), das Ehechor (verheiratete Männer und Frauen), das Witwenchor und das Witwerchor. Die Kinder und Jugendlichen wurden früher, als es sie noch in größerer Anzahl gab, außer nach dem Geschlecht auch nach dem Alter einem entsprechenden Chor zugeordnet: Knäblein, Knaben, Jünglinge, Mädchen, große Mädchen, Jungfern. Der Gedanke, der dahinter steckt, ist, dass sich Menschen mit ähnlichen Lebensumständen auch am besten verstehen und sich Beistand in weltlichen und geistlichen Dingen geben können. Die Chöre wurden jeweils von einem Chor-Helfer oder einer Chor-Helferin betreut. Die Leitung der Gemeine oder eines Chores war keine abgehobene Stellung. Man blieb stets „Bruder unter Brüdern" bzw. „Schwester unter Schwestern". Das kommt auch in den Bezeichnungen „Helfer", „Diener" oder „Arbeiter" zum Ausdruck.

Die einzelnen Chöre führten früher ein weitestgehend in sich geschlossenes Leben. Sie bildeten eine geistliche Gemeinschaft und einige Chöre auch eine selbständige wirtschaftliche Einheit. So lebten, wohnten und arbeiteten die unverheirateten Männer und Frauen jeweils in eigenen Häusern: dem Brüderhaus und dem Schwesternhaus. Auch die Witwen lebten separat im Witwenhaus. Das Leben im Chorhaus war durch Arbeit und die täglichen Versammlungen geregelt.

Bei den Herrnhutern war es über lange Zeit üblich, alle wichtigen Entscheidungen - insbesondere solche, deren Ausgang nicht vorhersehbar war – durch das Los zu treffen, in der Überzeugung, dass Gott auf diese Weise unmittelbar Einfluss nehmen kann. Das Los wurde vor allem bei Personalentscheidungen zu Rate gezogen: Besetzung von Ämtern, Eheschließungen, Aussendung von Missionaren usw.
Die in diesem Bericht erwähnten Herrnhuter Losungen gibt es auch heute noch. Sie werden seit 1731 ohne Unterbrechung heraus gegeben, inzwischen in Millionenauflage und in 50 Sprachen übersetzt. Das Losungsbuch enthält für jeden Tag des Jahres ein

ausgeloste Wort aus dem Alten Testament, ergänzt durch ein Wort aus dem Neuen Testament und einen Liedvers oder ein Gebet.

Anna Krügelstein verwendet in ihrem Lebensbericht oft recht schwärmerische Bezeichnungen für Jesus: „mein bester Freund", "Geliebter", „Herzens-Bräutigam", „mein Mann". Das entspricht den Gepflogenheiten der damaligen Zeit, zeigt aber auch ihr inniges Verhältnis zum Heiland.
Wenn vom „Heimgehen" oder dem „Heimgang" die Rede ist, so ist damit das Sterben gemeint, das für einen gläubigen Christen ja nicht das Ende bedeutet, sondern das Hinübergehen in Gottes Reich, die ewige Heimat.

1. Kindheit in Mähren

Ich bin geboren den 10. Juli 1713 in Zauchtenthal in Mähren (*heute Suchdol nad Odrou*), in großer Armut meiner Eltern. Meine Mutter hatte nicht einmal die nötige Handreichung, und weil es ihr sehr hart ging, so war ich ein kränkliches Kind und hatte was Melancholisches, so dass mich niemand achtete, und man mich gerne hätte sterben sehen.

Aus Mangel einer Handreichung musste meine Mutter das Gras für ihr Vieh selber suchen, und mich immer mit tragen, und da traf sich's Anno 1714 einmal, dass, als ich bei einem Baum lag, ein Wolf kam, sich zu mir stellte und mich beroch. Meiner Mutter wurde auf einmal bange, sich nach ihrem Kinde umzusehen, wurde das Tier bei mir stehend gewahr, lief also herzu, und der Wolf trat ein paar Schritt zurück, dass sie mich nehmen konnte. Die Eltern nahmen ihr armes Kind als ein neues Geschenk von Gott an, weinten und dankten ihm dafür, denn sie waren beide gottesfürchtig. Und weil sie mich von meiner Geburt an als ein Gnadengeschenk Gottes ansahen, wollten sie mich auch ganz nach seinem Sinn aufziehen, weinten und beteten daher fleißig über mich.

In meinem fünften Jahr hörte ich meinen Vater in der Bibel vom Falle Adams lesen. Das ging mir sehr zu Herzen, dass wir armen Menschen ohne Gott wären, und kam eine große Bekümmernis, wie ich doch wieder mit ihm in Gemeinschaft kommen könnte. Da nahm der heilige Geist mich, sein armes Kind, in eine besondere Pflege und sprach mir zu, ich sollte mich nicht vor Gott fürchten, sondern getrost zu ihm gehen, ihm mein Anliegen sagen und ihn um alles bitten. Er würde mir's geben, denn er habe die Menschen sehr lieb und würde mich auch so machen, dass ich ihn lieben und nach seinem Willen leben könnte. Und so würde ich auch gewiss zu ihm kommen.

Von dem an konnte ich recht herzvertraulich mit Gott umgehen und ihm alles klagen. Er war mein <u>lieber</u> Gott, mein bester und treuester Freund, der mich in allem erhörte, und mich bald fühlen ließ, wenn ich nicht auf der rechten Spur war, und so bewahrte er mich vor tausend Gefahren.

Anno 1724 war die Erweckung unter den Kindern in Mähren. Da hörte ich, man müsste ein neues Herz haben, wenn man selig werden wollte und das könnte nur der liebe Gott geben. Da ging ein neuer Kummer an. Ich sah, dass mir das fehlte und ich noch nicht aus Gott geboren sei. Ich weinte sehr darüber und meine Verlegenheit nahm immer mehr zu. Ich kriegte auch wohl Hoffnung, dass ich das neue Leben aus Gott haben sollte, fühlte mich aber zu schlecht dazu.

In eben diesem Jahre war ich in großer Gefahr. Der Feind meiner Seele suchte mich mit List zu verführen durch eine schlechte Magd, die wir im Hause hatten und die in allerlei Versündigungen geraten war. Aber auch das misslang ihm, denn der treue Heiland hielt sein Versprechen, mir durchzuhelfen. Und von da an hatte ich eine Furcht vor der Sünde, und entdeckte meinen Eltern alles. Das neue Herz fehlte aber immer noch und ich weinte und betete solange danach, bis der Heiland mein sehnliches Verlangen erhörte und mir die Gewissheit seiner Gnade und die Vergebung meiner Sünden in seinem Blute ins Herz schenkte. Nun suchte ich mir auch Gespielinnen, denen ich's erzählen konnte, und der Heiland schenkte mir acht, die meines Sinnes waren. Mit denen hielt ich oft niedliche Gesellschaften und wir weinten und beteten in hohlen Wegen, wo uns niemand störte. Die meisten gingen wohl wieder davon. Sie kamen aber doch zum Teil zur Gemeine. Anno 1727 kam die schon lange wütende Verfolgung aufs höchste, und es mussten in der Marterwoche alle der katholischen Religion zuschwören. Meine Mutter, die ein treues Herz gegen den Heiland hatte, wollte und konnte nicht schwören, sondern erwartete, was ihr begegnen würde. Weil sie sich eben in gesegneten Umständen befand, so gab man ihr solange Zeit dazu, bis sie entbunden wäre, und ihren Kirchgang gehalten hätte, und glaubten schon, sie gewiss gewonnen zu haben. Sobald das aber geschehen war, dachte sie, nun wäre es Zeit fortzugehen. Und weil sie damals keinen treuen Freund hatte, so überlegte sie alles mit mir, weil sie mich für die Zuverlässigste hielt, und fragte mich zugleich, ob ich mit ihr gehen wollte. Ich war gleich willig dazu. Sie aber machte mir allerlei Bedenken, unter andern auch, dass der Vater nicht mitgehen wolle. Jedoch das Verlangen, selig zu sein, ging über alle Schwierigkeiten, die sie mir in den Weg legte. Und da sie das sah, versprach sie mir, mich mit zu nehmen. Mein sehr liebender Vater fragte mich, ob ich es über mein Herz bringen könnte, ihn zugleich mit der Mutter zu verlassen. Ich sollte sie doch bereden, um noch die Erntezeit abzuwarten, dann wollte er auch mitgehen. Ich antwortete: Wir gehen auf Wasser und Brot aus, und das wird uns der liebe Gott geben. Und Ihr bleibt so lange hier und genießt das Gute, bis es Euch auch so wird, uns nachzufolgen. Da weinte der arme Vater gar sehr und sagte: Ach Gott, da soll ich auf einmal von meiner Frau geschieden werden, die ich, solange wir beisammen sind, so zärtlich geliebt, und sie mich. Und du mein Kind weißt auch, wie sehr ich dich liebe. Ich habe dich 13 Jahre halb tot gehabt, und nun, da du gesund und auf den Beinen bist, willst du mich verlassen. Ich bat ihn aber, zufrieden zu sein, und sagte, das sei alles wahr, und ich wüsste, wie sehr er mich liebe. Ich könnte ihn auch versichern, es geschähe von uns nicht aus Mangel der Liebe, sondern aus Drang des Herzens, unsre Seele zu retten. Und so gingen wir auseinander.

Der Heiland fügte es aber, dass in derselben Nacht meiner Mutter ältester Bruder Johann Nitschmann von Herrnhut kam. Als ihm mein Vater unser Vorhaben erzählte, sagte er: Meine Schwester versteht das nicht, sie kann ohne dich nicht bei uns sein. Und als er das hörte, resolvierte er, mit uns zu gehen, wenn sein Schwager auf der Reise bei uns bleiben wollte. Er baute daher zu diesem Zweck einen großen Frachtwagen, und um allen Verdacht zu vermeiden, sagte er jedermann, er wolle den Wagen auf der Straße halten und sich sein Brot auf die Weise versuchen zu verdienen, weil sein Feld jetzt in gutem Stande sei. Dadurch machte er alle Leute sicher, und auch sogar seine Mutter, die sonst alles würde angewandt haben, unser Vorhaben zu hindern.

2. Flucht nach Herrnhut

Wir gingen also am 23. Juni 1727 abends um 10 Uhr aus unserm Haus und Vaterland fort. Beim Herausfahren sang ich mir den Vers: „Selig ist der Tag, an dem ich scheide und mein Vaterland meide und mich begebe ins Elend. Der Herr wird mein Geleitsmann sein und mich schützen durch seinen Engel, der aller Gläubigen Beschützer ist."
Vorher aber besuchte ich noch einmal meinen Vetter David Nitschmann, der in Kunwalde gefangen saß, und den ich in der Woche etliche Mal besuchte und ihm brachte, was er nötig hatte. Ich erzählte ihm unser Vorhaben und nahm in diesem Leben den letzten beweglichen Abschied von ihm. Er empfahl mich mit gerührtem Herzen und unter vielen Tränen dem Herrn, erteilte mir den Segen zu einer Magd Christi und sagte zuletzt: „Ich bin gewiss, es wird geschehen, ich werde dich einmal unter der Zahl beim Herrn finden." Das Gefühl dabei kann ich nicht beschreiben. Dieser liebe Mann Gottes, der in prophetischem Geiste vieles voraus gesehen, versicherte mich, er sei es gewiss, wir würden wohlbehalten in Herrnhut ankommen, doch nicht ohne Gefahr und Schwierigkeiten. Er setzte aber hinzu: „Seid nur getrost. Der Heiland ist bei euch und euer Führer!" Und so ging ich glaubensvoll von ihm. Es trat alles ein, wie er mir gesagt, denn gleich die erste Nacht und den darauf folgenden Tag waren wir dreimal in Lebensgefahr, entweder im Wasser zu ertrinken, oder vor Durst in der schmachtenden Hitze im Röpnitzer Wald zu sterben. Als wir nahe bei Landshut (*heute Lanžhot*) kamen, ging mein Onkel voraus in die Stadt

zu einem Prediger. Weil es aber eben Jahrmarkt war, konnte man ohne Pass nicht hinein kommen. Noch ehe er wieder zurück kam, begegnet uns ein Mann, der uns zu wiederholten Malen recht angelegentlich bat, nicht in die Stadt zu gehen, und sagte zu meinem Vater: „Lieber Schwager, fahren Sie um Gottes Willen nicht mit den Kindern in die Stadt, sie schütten Ihnen alle Sachen auf die Gasse, und Sie sind verloren und werden gefangen gesetzt. Ich will Ihnen einen andern Weg weisen, der in ein Dorf im Tal geht, und da können Sie bei den Bleichen die Nacht bleiben." Ich kann nicht sagen, wie mir noch ist, wenn ich mir den Mann vorstelle. Er sah wie ein Engel Gottes aus. Es war auch wirklich so, wie es uns dieser Greis beschrieben hatte, welches wir von meinem Onkel erfuhren, der den andern Morgen früh wieder zu uns kam und sehr geängstet worden. Die Freude über seine Zurückkunft war sehr groß und wir alle dankten dem lieben Gott mit Tränen dafür. In dieser ängstlichen Nacht stellte mein Vater der Mutter vor, er könnte nicht weiter gehen und sie sollte sich resolvieren, mit ihm wieder nach Mähren zurück zu gehen. Ich redete darüber recht vertraulich mit meinem Gott aus, erinnerte mich dabei, was mein Vetter im Gefängnis gesagt hatte, und da wurde mirs im Herzen so: Wenn auch meine Eltern wieder zurück gehen, so will ich mich doch fortbetteln und entweder nach Friedensdorf oder Hirschberg zu fragen. Inzwischen reisten wir weiter und verbrachten die Nacht in Peterswalde bei einem Gärtner. Hier träumte mir, ich wäre in einen Ort gekommen, da Kinder Gottes wären, und dass mir ein Mädchen entgegen käme, das mich fragte, was ich wollte. Ich antwortete: Ich will gerne selig werden und bin doch so voller Sünde. Ach, sagte sie, komm nur mit mir. Ich will dich zu einem Mann bringen, der wird dir sagen, wie du selig werden kannst. Darüber wachte ich auf und bat den lieben Gott, diesen Traum bei mir wahr zu machen. Den folgenden Morgen setzten wir unsere Reise fort, blieben aber aus Furcht nicht auf der großen Straße. Unweit Steindörfel kam ein Mann vom Felde auf uns zu, er kannte uns gleich an, wer wir wären, redete uns sehr freundlich an und erbot sich unser Bote zu sein, weil er schon manche von unsern Leuten nach Friedensdorf gebracht habe. Er schickte auch unsern bisherigen Boten, der ohnedem den Weg nicht recht wusste und sehr ängstlich war, weil uns die Leute alle erkannten, fort, welcher auch sehr gerne zurück ging. Als uns dieser Mann in seinen Ort gebracht hatte, ging er von Haus zu Haus und wo er nur jemand stehen sah, und besprach sich mit ihnen über uns. Ja, des andern Morgens redete er sogar mit dem Wirte, wo wir fütterten, ab, dass er nach dem Straßen-Bereiter schicke, der uns nachsetzen und gefänglich einbringen sollte. Diese fürchterliche Nachricht sagte er uns mitten in einem Walde, und als ihn mein Vater darüber zur Rede stellte, antwortete er, das sei gleichviel, er habe nicht anders gekonnt und es sagen müssen. Er wies uns auch noch einen hohen Berg, auf den wir hinauf müssten, von welchem wir nachmalen gehört, dass auf demselben ein Kloster sei und dass schon gar mancher, der dahin gebracht worden, sein Grab allda gefunden. In dieser großen Angst, da wir sahen, dass wir in verräterischen und mörderischen Händen waren, mussten wir noch drei ganze Stunden fahren, als auf einmal ein Mann von seiner Wiese auf uns zukam und fragte, wo wir hin wollten. Wir sagten: „Nach Friedensdorf!" „Ei", sagte er, „warum fahrt ihn dann hier. Seht, dort liegt es zur linken Hand! Und nun lauft ihr nur alle, was ihr könnt. Den Wagen will ich euch schon nachführen. Und wenn ihr dort über das Bächlein hinüber sein werdet, alsdann setzt euch erst nieder; da ist schon Sächsischer Grund und Boden." Und so entkamen wir auch dieser Not, und der Bösewicht hatte seinen Zweck nicht erreicht. Ja, noch in Friedensdorf hatten wir viel Mühe, uns von ihm los zu machen und er wendete alles an, uns zu guter Letzt noch zu bestehlen. Da er aber sah, dass wir die ganze Nacht durchwachten und dass alle seine angewandte Kunst vergeblich war, so ging er endlich wieder zurück. Unser Schutzengel war der Hofschuster auf Friedensdorf.

Des andern Tages reisten wir froh und dankbar gegen den Heiland, dass er uns so wunderbarlich in Sicherheit gebracht, weiter und kamen am 2. Juli glücklich, gesund und vergnügt in Berthelsdorf an. Wie uns dabei zumute war, ist nicht zu beschreiben.

3. Jugend in Herrnhut

Noch denselben Abend kam die liebe Anna Helene Nitschmann mit noch etlichen Geschwistern zu uns, bewillkommneten uns, grüßten uns von dem Herrn Grafen *(Zinzendorf)* und bestellten, dass wir morgen zu Besuch nach Herrnhut kommen sollten. Wir gingen also den 3. Juli nach Herrnhut. Das ganze Gemeinlein kam uns entgegen und alles freute sich, uns, und besonders meine Mutter, die als eine Wöchnerin in der dritten Woche ausgegangen und doch gesund angekommen war, zu sehen. Unter diesem Haufen sah ich das Mädchen auf mich zukommen, das ich im Traum gesehen, und wir hatten uns gleich sehr lieb und ich glaubte daher auch gewiss an dem Ort zu sein, wo ich hören würde, wie ich selig werden könnte. Das war die Anna Nitschmann (*die spätere Ältestin des ledigen Schwesternchores und 1757 Zinzendorfs zweite Frau*). Als ich sie zum zweitenmal sah, sagte ich ihr mein Anliegen, dass ich gerne selig sein wolle, wäre aber so sehr schlecht. Sie antwortete darauf: „Komm nun mit mir. Ich will dich zum Herrn Grafen bringen. Der wird dir den rechten Weg zum Seligwerden zeigen." Als ich ihn sah, war es eben derselbe Mann, den ich im Traum gesehen hatte. Ich konnte aber diesmal nichts mit ihm reden, denn er kam mir wie ein Engel Gottes vor.

Wir mussten noch eine Weile in Berthelsdorf bleiben, und meine Verlegenheit ums Seligwerden nahm immer mehr zu. Als am 13. August 1727 das bekannte Abendmahl in der Kirche zu Berthelsdorf war, fühlte ich was ganz Besonderes an meinem Herzen, weinte sehr und bat den Herrn Jesum,

doch auch an mich zu denken. Ich hatte eine große Angst
darüber, dass es mir nicht auch so gehen möchte, wie den
fünf törichten Jungfrauen, die zu spät kamen. Ich ging
deswegen in meiner beständigen Sorge hin und redete oft
mit meiner lieben Anna über mein schlechtes Herz aus,
denn sie war und blieb meine Vertrauteste. Um diese Zeit
fing auch die Erweckung unter den Kindern in Herrnhut an.
Ich ging damals noch zu Herrn Krumpe in Berthelsdorf in
die Schule. Derselbe erzählte uns oft, dass er den Heiland
lieb hätte, darum, weil Er sein Blut für ihn vergossen habe.
Ach, dachte ich, da wird er es auch für mich vergossen
haben! Und das machte mir Mut, Er werde sich auch über
mich erbarmen. Nun um eben diese Zeit fragte einmal Herr
Krumpe seine Schüler: Ob sie auch den Heiland lieb haben
und Ihm ihre Herzen hingeben wollten, dass Er sie mit
Seinem Blut waschen möge? Ich rief gleich: O ja! Ich will
gerne selig sein! Er machte also einen Bund mit unserer
etlichen, den zu lieben, der uns zuerst geliebet. Wir lagen
auf unserm Angesicht und weinten, dass die Diele nass
wurde. Und Er, unser Heiland, dem wir so wert waren in
Seinen Augen, wandelte gewiss unter uns.
Keines wusste, wie ihm geschah. Mir fiel gleich meine liebe
Anna ein und ich ging zu ihr nach Herrnhut, ihr diese große
Begebenheit zu erzählen. Als sie mich aber kommen sah,
lief sie mir entgegen und kam mir zuvor mit der Erzählung
von dem, was der Herr an ihnen getan und wie viel sie dabei
an mich gedacht hätte. Und da ich ihr sagte, was der Herr
aus Barmherzigkeit auch an mir und mehreren in
Berthelsdorf auch getan, so weinten wir miteinander vor
Freuden und sie führte mich zu ihrer Gesellschaft der

Kinder, da wir dann auf unser Angesicht fielen, weinten und beteten, so dass wir uns kaum besinnen konnten. Alles miteinander war froh, dass der Heiland auch uns in Berthelsdorf besucht hatte.

Noch in demselben Jahr zogen wir nach Herrnhut, und ich genoss viele Pflege vom Herrn Grafen. Im äußeren hatten wir das Jahr noch keine Not. Aber Anno 1728 ging die Armut an. Meiner lieben Mutter und mir war es nichts unerwartetes, denn wir waren auf Wasser und Brot ausgegangen und ich hatte schon oft danach verlangt. Ich muss auch zum Preise meines Heilands sagen, dass ich mich mit Vergnügen in die Armut habe finden können.

Ich kam darauf zu jemanden, der mich zum Kinde annahm und dem ich sein Vieh fütterte. Weil aber diese Leute nicht viel Liebe zur Gemeine und zum Herrn Grafen hatten, und ich sah, dass ich in diesem Hause Schaden an meiner Seele nehmen könnte, so bat ich meinen treuen Heiland, mir wieder hier weg zu helfen. Es fügte sich auch bald darauf, dass meine Mutter krank wurde, und ich also wieder nach Hause kam. Nun nahm mich der Heiland in eine neue Schule. Ich lernte ihn als meinen Sünder-Freund kennen, da Er mir die Sünde des Nichtglaubens an seine Wunden, Marter und Tod vergab und mir meinen Namen in Seinen durchgrabnen Händen zeigte. O wie war meinem armen Herzen so wohl, da es hieß: Alle meine Marter und Tod ist für dich geschehen, du bist mein! Er hat sich auf eine unbeschreiblich nahe Weise zu mir, Seiner Sünderin bekannt, so dass ich mich oft über dem Umgang mit Seiner Marterperson vergessen habe. Keine Zeit wurde mir zu lang über dem seligen Meditieren über meinen Blutbräutigam.

Wenn meine Mutter zuweilen sagte: Du armes Kind hast es doch sehr schwer, so konnte ich nicht begreifen, worin. Denn ich wusste von keinen Beschwerden. Wir lebten wohl in großer Armut, da wir so wenig Verdienst hatten, dass es kaum zureichte, unsre Familie von 5 Personen zu erhalten. Ich war aber immer vergnügt und selig und dankte dem Heiland, dass ich von meinem Verdienst und dem, was man mir schenkte, noch meinen Brüdern mitteilen konnte.

Am Ende des Jahres wurde ich von den Gemein-Ältesten zum Abendmahl gesprochen. Da ich ein Bekenntnis meines Herzens ablegen sollte, erzählte ich ihnen, wie ich als eine verlorene Sünderin im Blute Jesu Vergebung der Sünden erlangt hätte, und dass mir der Heiland davon, dass Sein ganzes Leiden und Sterben für mich sei und ich nun auch von Seinem Vater in die Kindschaft Gottes auf- und angenommen sei, weil sich Sein Sohn am Kreuz mit mir vermählt habe, die Versicherung ins Herz gegeben hat. Die Schwestern erschraken und glaubten, ich phantasierte, und meiner Mutter, die dabei saß, wurde auch sehr bange. Ich aber bekräftigte es: Mir habe der Heiland davon die Versicherung gegeben.

Der Graf hörte in der Nebenstube zu, ließ mich noch denselben Abend zu sich rufen, und als ich ihm alles noch umständlicher erzählt hatte, so kniete er mit mir nieder, betete und machte einen Bund mit mir, ganz des Heilands zu werden.

Zu Anfang des Jahres 1729 gelangte ich zu meiner unbeschreiblichen Freude mit der Gemeine zum Heiligen Abendmahl. Vorher tat ich ein öffentliches Bekenntnis vor der Gemeine auf dem Saal: Meines Erlösers mit Leib und

Seele zu sein und wenn Er es von mir forderte um
Seinetwillen zu verfaulen, so wollte ich's gerne tun. Das
Bekenntnis ging mir zu der Zeit recht von Herzen und ich
wusste mir nichts über meinen Blut-Bräutigam, in dessen
Arm ich mich so selig fühlte. Die Materie von der Braut und
dem Bräutigam war meine tägliche Weide.

4. Kindermädchen in Ebersdorf

Zu beschreiben ist es nicht, was so ein armes Wesen, wie
ich, dabei genossen hat. Er ist mir oft so nahe gewesen,
dass es die Hütte mit empfunden. Und in dieser seligen
Fassung ging ich fort, bis 1732 , in welcher Zeit ich in einer
speziellen Pflege des mir so unvergesslichen Jüngers des
Herrn war, der sich unbeschreiblich viel Mühe mit mir
gegeben hat. In bemeldetem Jahr kam ich nach Ebersdorf.
(*Als Nachfolgerin von Anna Schindler, die zurück nach
Herrnhut ging und mit Leonhard Dober verheiratet wurde,
dem späteren Bischof. Sie starb 26jährig.*) Die Comtessen
Sophie Auguste und Charlotte Louise Reuß (*damals 4 und 3
Jahre alt*) wurden mir zur Pflege und Bedienung übergeben.
Da kam ich unter die Gelehrten und mein Verstand, der wie
verhüllt war, wurde aufgewickelt und poliert. Die Vernunft
kam mit dazu und ich ließ mich zu meinem Schaden von
der Einfalt in Christo Jesu verrücken. Ich habe aber dem
Heiland sehr viel zu verdanken, dass er meine Seele von
mehrerem Übel bewahrt hat. Denn da ich schon auf
geistliche Höhen geraten war, hätte es leicht zu noch
gefährlicheren Dingen kommen können, zumal da es mir an
Gelegenheiten dazu nicht fehlte. Aber Seine Treue über mir

war groß, und Er eilte, Seine Sünderin, mit der Er sich so genau eingelassen hatte, zu retten, regte daher Seinen Diener, meinen geliebten Mann an, als er seinen Stand verändern sollte, dass sein Herz zu keiner von den ihm vorgeschlagenen Personen „Ja" sagte, sondern dass er zu dem Herrn, dem Schöpfer seiner Seele seufzte, ihm die Person selbst zu nennen, die Er gewiss auch schon für ihn geschaffen habe. Und Er ließ ihn meinen Namen einfallen. Daher wollte er auch von niemand anders, als von der Anna Goldin wissen. Der Heiland bestätigte es auch endlich, dass ich die Person sei, die er haben sollte. Ob man nun wohl damals schon glaubte, er gehöre unter die Diener Jesu, so glaubte man doch nicht, dass es soweit gehen würde, dass er sich die Armut Jesu und seine schöne Schmach ganz gefallen lassen würde.

Ich wurde also dazu mit Genehmigung meiner lieben Eltern von Ebersdorf geholt, ich wusste aber nicht eher wozu, als in Herrnhut. Und das war sehr gut, denn mein hoher Geist hätte sich zu so was nicht bequemt.

Ich kam am 17. August 1733 in Herrnhut mit der Meinung an, als ledige Schwester bei meiner zärtlich geliebten Anna als ihre Dienerin im Schwesternhaus zu wohnen, und mein Leben mit ihr zu beschließen.

Weil ich mirs feste vorgenommen hatte, ledig zu bleiben, und mir es als ein Gnadengeschenk vom Heiland zum Eintritt in mein 21. Jahr ausgebeutet, und es überdies auch für das Beste und Seligste für mich hielt, so glaubte ich, der Heiland müsste auch so denken.

Überhaupt war mir der Schritt ins 21. Jahr etwas sehr Schweres, und ich stellte mir die folgenden Jahre als sehr

beschwerlich vor, so dass ich lieber noch denselben Tag heimgegangen wäre.
In dieser Konfusion kam mir Br. Steinhofer zu Hilfe und wies mich zurecht. Ich wusste zwar nicht, was mit mir vorging, aber es war derselbe Tag, an welchem ich meinem Mann zur künftigen Pflege vom Herrn zugeteilt wurde. Dieser Zeit erinnere ich mich noch mit Schmerz und Dank. Aus Schmerz, dass ich mich aus der so seligen Gemeinschaft mit meinem Blut-Bräutigam durch Vernunft und hohe Gedanken habe bringen lassen. Ja, es hat mir in den folgenden Jahren vielen Kummer und Sorgen gemacht, ob ich die selige Einfalt wieder in dem Grade wie vorher finden würde. Ich bin eben klug worden! Mit Dank, dass mein bester Freund noch so über mich gehalten hat und mich nicht gar fallen lassen. Ach, was für Treue und Liebe! Hätte Er mich noch eine Weile da gelassen, so wäre ich gewiss gar gescheitert.

Schloss Ebersdorf

5. Heirat und Dienst in Herrnhut

Bald nach meiner Ankunft in Herrnhut trug mir der Graf die Heirat mit meinem lieben Mann auf eine sehr ungewöhnliche Art an. Er sagte zu mir: Der Heiland zwinge niemand zu Seiner Nachfolge. Er gebe einem jeden Zeit und Gelegenheit „Nein" zu sagen und das zu wählen, was man gern wollte. Der Heiland habe den Geschwistern, die nach St. Croix gegangen, von einem vornehmen Herrn Geld geben lassen, weil sie geizig waren. Nun könnten sie sich wählen, ob sie die Armut lieber als den Reichtum hätten. Und nun denke nur, der Heiland weiß, dass die Annel Goldin eine frohmütige Seele ist. Darum will Er ihr noch einmal die Wahl lassen, ob sie die Armut und Schmach lieber hat, als die Ehre und das Wohlleben, und lässt ihr daher durch mich Seinen Willen wissen, dass sie den Br. Krügelstein heiraten soll. Du kannst nun eines Docters Frau sein, kannst dir aber auch wählen, eine Magd Jesu zu sein. Bei letzterem wird es dir an Armut und Schmach nicht fehlen. Nun kannst du eins von beiden wählen.

Ich dachte, der Schlag sollte mich rühren, denn das war gerade wider meinen Plan, den ich mir gemacht hatte. Aber so sehr ich mich dagegen setzte, so fest hielt der Heiland, so dass ich mich endlich darin ergab und einen neuen Bund mit Ihm machte, Seine zu sein mit Leib und Seele. Er solle nur mit mir sein und mich an Seiner Hand halten, bis Er mich vollendet hätte.

So wurden wir daher am 8. September von Pastor Rothe getraut. Der Graf und seine Gemahlin nahmen sich hierbei unsrer treulich an und besorgten alles, als wenn wir Kinder im Hause wären.

Graf Zinzendorf schrieb aus Anlass dieser Eheschließung ein Gedicht mit 13 Strophen. Ein Vers lautet:

> *Die Liebe wird euch leiten,*
> *den Weg bereiten,*
> *und mit den Augen deuten*
> *auf mancherlei.*
> *Ob etwa Zeit zu streiten,*
> *ob Rasttag sei.*
> *Wir sehen schon von weiten*
> *Die Grad und Zeiten*
> *von euren Seligkeiten,*
> *geliebte Zwei!*

Diesen und einige andere Verse verwendete Zinzendorf später für sein Lied „Wir wolln uns gerne wagen", das auch heute noch gern gesungen wird.

CXVIII.

Auf Herrn Krügelsteins, Medici in Herrnhut, Verehlichung mit der Anna Goldin aus Mähren.

Errettet werden wollen,
 Ist, was wir sollen:
Von Christi Salbungs-vollen
Versöhnungs-Kleid
Ist reichlich hergequollen
Die Möglichkeit.
Wenns Auge halb verschwollen
Läßt Thränen rollen,
Und wir nur Seufzer zollen,
Ist gute Zeit.

Der erste Ruf erwekket;
Der Anblik schrekket:
Man sieht sich selbst verstekket
Ins Grabes Gruft.
Sobald man Gnade schmekket;
So krigt man Luft.
Wenns Licht sich weiter strekket,
Das uns gewekket,
So wird die Kluft bedekket,
Die Todten-Kluft.

Das Auge, dem die Sünden
Ins Herzens Gründen,
Als aus vergift'ten Schlünden,
Entgegen glühn;
Sieht nahe am Erblinden
Den Dampf verziehn:
Denn Christi Liebes-Zünden
Macht ihn verschwinden;

Drum

Aus: Graf Ludwig von Zinzendorf, Teutsche Gedichte, Barby 1766

6. Dr. Krügelstein

Er war den 10. Oktober 1698 zu Bautzen geboren.
Sein Herr Großvater war, noch in seinem ledigen Stande, aus den österreichischen Landen emigriert. Sein Vater Valerius Krügelstein aber, ein Chursächsischer Regiments-Chirurgus, ließ sich in Bautzen in der Oberlausitz nieder und kam Anno 1735 nach Herrnhut, woselbst er 1743, den 9. Juni selig verschieden ist.
Seine Mutter hat sich dies ihr Kind von Gott ausdrücklich erbeten und es daher noch im Mutterleibe zum Kirchendienst gewidmet. Demzufolge studierte er nach geendigten Schuljahren in Wittenberge in Chur-Sachsen Theologie und wurde Magister. Nach seinen zurückgelegten Universitäts-Jahren nahm er eine Informators-Stelle in der Oberlausitz an. Als er 1725 in Bernstädel gepredigt hatte, besuchte er auf dem Rückwege die Kirche zu Berthelsdorf, um die so sehr beschrieenen Mährischen Brüder und Schwestern zu sehen. Pastor Rothe hielt eben damals eine Katechisation mit ihnen. Ihr Blick, ihre fertigen und gründlichen Antworten, die Gegenwart des Orts-Herrn und dessen inbrünstiges Gebet, gaben ihm einen so tiefen Eindruck, dass er sich der Tränen nicht enthalten konnte.
Um eben diese Zeit fasste er aus verschiedenen Ursachen, gegen alle Vorstellungen seiner Mutter die Resolution, in Wittenberg Medizin zu studieren, und weil sich seine Eltern seiner entzogen, so musste er sich daselbst sehr kümmerlich durchbringen.
Der berühmte Doktor Valer aber nahm ihn zu seinem Famulo an und ließ ihn seines Unterrichts und treulichen Pflege

genießen. Nach seiner Rückkehr nach Bautzen bekam er daselbst eine starke Praxin Medicam. 1729 wurde er vom seligen Graf von Zinzendorf schriftlich ersucht, von Bautzen nach Herrnhut zu kommen, um daselbst in Abwesenheit des seligen Gutbiers einigen Patienten zu assistieren.

Auf dem Weg dahin erneuerte sich in seinem Gemüt der Eindruck, den er bei eben angeführter Katechisation in Bertelsdorf bekommen hatte, und zugleich sagte ihm sein Herz, wie weit er von denselben abgekommen, ja, dass er gar in atheistische Abwege verfallen sei. Er hatte darüber eine sehr offenherzige Unterredung mit dem seligen Grafen. Unter den Patienten, über welche man ihn konsultieren wollte, lag die selige Juliana Quittin am schwersten danieder. Sie wollte nichts vom Genesen hören und redete in seinem Beisein von der Seligkeit ihres Herzens im Heiland und ihrem Verlangen, beim Herrn daheim zu sein. Er wollte sie auf die Probe stellen, ob diese Freimütigkeit seiner Patientin sich halten würde. Er deklarierte ihr also, dass sie morgen sterben würde. Sie aber küsste ihm für diese Nachricht die Hand und wusste sich vor Freuden nicht auszudrücken. Dieses und ihr fröhliches Verscheiden machte ihm einen tiefen Eindruck. Und als er darauf einer Rede des Herrn Grafen über den Text „Die Toren sprechen in ihrem Herzen, es ist kein Gott" beiwohnte, so fand er sich dabei überall getroffen. Sein Herz wurde ihm aufgedeckt und verwundet. Er wendete sich mit heißen Tränen zum Heiland, welcher ihm so nahe vors Herz trat, und ihn der Vergebung seiner Sünden und der Erlösung durch Sein Blut so kräftig versicherte, dass er darüber ganz entzückt zu Boden fiel und gleich zu verscheiden meinte. Mit dieser seligen und mächtigen Änderung seines Herzens und Sinnes war auch zugleich die Resolution verbunden, von Stund an bei der Gemeine in Herrnhut zu bleiben. Auf diesen seligen Vorgang zielte das bekannte Lied des Grafen: Errettet werden wollen, ist unser Sollen...

Neben seinem Dienst bei den Patienten in Herrnhut fing er auch an mit Hilfe des Br. Kleims selbst Arzneien zu verfertigen, setzte den kleinen Anfang fort, der zu der hiesigen Apotheke war gemacht worden, und wurde bald darauf zum ordentlichen Gemein-Medico bestellt. So wie er in der Gnade und in der Erkenntnis des Heilands sowohl als seines Elends zunahm, so wurde er auch ein brauchbarer Diener der Gemeine. Den ledigen Brüdern wurde er zum Mitarbeiter vorgestellt. Der selige Tobias Friedrich und er besorgten die Gemein-Music zu jedermanns Freude. Wie er denn insbesondere mit seiner Singgabe den Geschwistern viel Vergnügen machte, indem er nicht nur eine gute Stimme hatte, sondern auch mit fühlbarer Salbung des heiligen Geistes so zusammenhängend sang, als wäre es eine Rede. In Absicht auf seine Patienten stand er in einem genauen Verständnis mit dem Heiland. Daher er oft präzis wusste, ob ein Patient heimgehen oder wieder genesen würde. Um hiervon ein Exempel anzuführen, so saßen bereits die Ältesten um der Mutter Goldin Bette, sie zum Heimgehen einzusegnen. „Nein", sagte Br. Krügelstein, „die Schwester ist nach Ebersdorf berufen und soll daselbst und wer weiß wo sonst noch dem Heiland dienen." Die Kranke erholte sich wirklich und ging mit ihrer Tochter Anna nach Ebersdorf, sodann 1735 nach St. Croix und kam das folgende Jahr von dort wieder zurück. Überhaupt hatte er bei seinen Kuren die

Herzens-Situation seiner Patienten mit zum Augenmerk, war oft zugleich derselben Confident und wusste gut zu unterscheiden, ob jemand aus Zucht oder nach dem ordentlichen Lauf der Natur krank sei. Wenn seine medizinische Wissenschaft nicht weiter reichen wollte, und der Patient zugleich Glauben hatte, so wandte er sich mit Gebet und Flehen unmittelbar zum Heiland, auf welche Weise unter anderem einer Schwester von einem krebsartigen Schaden geholfen worden ist. Von Anno 1732 im Herbst bis im April 1733 war er in Halle, und legte sich auf die Chirurgie und Anatomie, und kam von dort mit unserem Br. Spangenberg nach Herrnhut zurück und diente nunmehr der Gemeine nicht nur als Medicus, sondern auch als Chirurgus. Den 8. September 1733 wurde er mit der ledigen Schwester Anna Goldin zur Ehe verbunden.

7. Dienst an mancherlei Orten

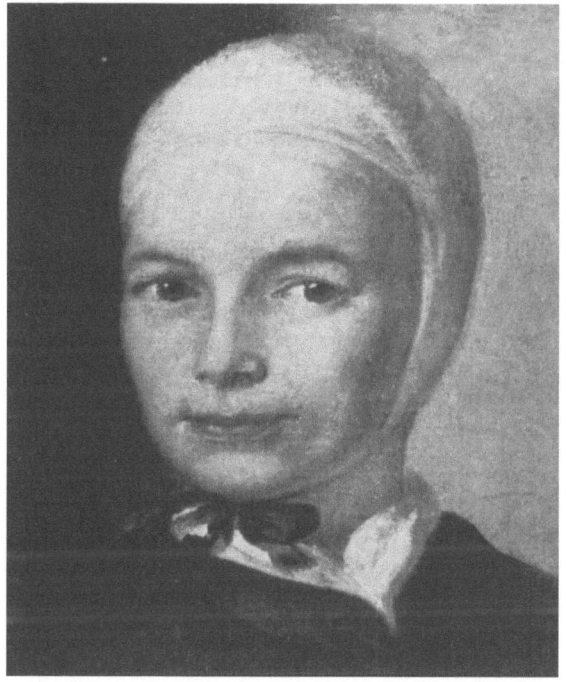

Anno 1734 bekam ich die Ortsmädchenanstalt zur Aufsicht und anno 1735 schenkte uns der Heiland unsern ersten Sohn Siegmund Leonhard.

Als Dr. Gutbier mit seiner Familie wieder zur Gemeine kam, trat ihm mein Mann die medicinische praxis in der Gemeine ab, und er behielt nur die Gräflich Zinzendorfische Familie, und dabei waren wir am Werke des Herrn in der Gemeine und besonders im Ehechor angestellt.

Als anno 1736 die große Kommission von Dresden nach Herrnhut kam, mussten wir auch vorkommen und Rede und Antwort von unsern Ämtern geben.

Im Juli gingen wir in der Gräfin Gesellschaft nach der Ronneburg und machten allda den Anfang des armen Pilgerlebens, indem wir kein Bett über noch unter uns zum Nachtlager hatten.

Im Herbst wurde die Gräfin und wir alle von der Ronneburg weggeschickt, ohne zu wissen, wie wir unter Dach kommen würden. Da nahm uns aber unser Freund, der Herr Baron von Schrautenbach so lange mit vieler Liebe auf.

Im Oktober ging ich zu Fuß nach Frankfurt und am 23. November schenkte mir der Heiland daselbst in großer Armut meinen zweiten Sohn, Christian Ludwig, welcher den 24. getauft wurde. Da traf es zu, dass es mir an Schmach und Armut nicht fehlen sollte, denn ich wusste nicht, worin ich ihn wickeln und legen sollte.

Als der Graf mit seiner Familie anno 1737 wieder nach der Lausitz reiste, sollten wir noch in Frankfurt bleiben, um die zarten Pflänzchen unsers Herrn allda zu pflegen und zu bedienen. Da er aber weg war, brach gar bald die unter der Asche glimmende Verfolgung aus, und um nicht aus der Stadt geheißen zu werden, eilten wir selbst heraus, zogen nach Offenbach und besorgten von da aus Frankfurt.

Anfang August ging ich mit meinem Kinde und der Schwester Susanne Nitschmann nach Berlin, wohin zu Ende des Jahres der Graf mit der Pilgergemeine nachkam. Anno 1738 kam auch mein lieber Mann dahin, der in der Wetterau zurück geblieben war. Hier wurde unsere Reise nach Persien ausgemacht.

Im Sommer ging die Pilgergemeine nach Marienborn, ich aber blieb noch zurück, um die Schwestern in Gesellschaften einzurichten. Ich ging sodann zu Ende Juli mit meinem Vater der Gesellschaft zu Fuß nach.

Am 2. Oktober traten mein Mann und ich unsere Reise nach Livland an zur Frau Generalin von Halland, um von da aus auf unsern Posten nach Persien zu gehen, denn der Heiland deutete allemal durch Russland dorthin. Die Türen aber waren noch alle zu.

Mein Mann ging zu Ende des Jahres nach Reval und ich ging nach Brinkenhof zu den Töchtern des Herrn von Gavel. Von daher schreibt sich die Bekanntschaft der Gavelschen Familie mit den Brüdern, ebenso die des Probst Suters auf Camby und Pastors Quandt in Urbs.

Ich besuchte auch auf Camby und der Heiland tat in beiden Orten meinen Mund auf, jedermann zu sagen, was das Wundenblut an meinem armen Sünderherzen tut und ich war ein Wunder mit meiner Lehre.

Anno 1739 im Januar reiste der Herr von Gavel mit uns nach Lettland. In Urbs im Estnischen sah ich zu meiner unbeschreiblichen Freude ein Häuflein Esten, die eine Art von Gemeineinrichtung unter sich hatten. Was ich unter ihnen fühlte bleibt mir unvergessen. Und als wir nach Lettland kamen, hatte ich auch die Freude, die große Erweckung der Letten mit anzusehen. O wie oft sind meine Augen dabei übergegangen über der mächtigen Gnade, die unter ihnen gewaltet.

Zu Ende dieses Jahres besuchte ich mit meinem lieben Mann noch einmal in Dörpatschen und hatte bei Vornehmen und Geringen Gelegenheit etwas von meiner

Favoritmaterie, nämlich der freien Gnade im Blute Jesu, zu reden. Und nichts vergebens.

Weil wir schon unsern Abruf nach Deutschland hatten, nahmen wir von unsern Geschwistern Abschied und reisten, nachdem wir etwa 1 ½ Jahre in Livland gewesen, anno 1740 mit dem Herrn von Gavel von Brinkenhof zur Gemeine nach Herrnhut ab, woselbst wir kurz vor Ostern ankamen.

Mein lieber Mann fand allda schon ein Schreiben vom Grafen vor, zu ihm nach Marienborn zu kommen, wohin er auch nach einigen Tagen abreiste. Ich aber blieb zurück und musste die Besorgung des Mädchenhauses und der verheirateten Schwestern übernehmen. Ich folgte ihm erst im August nach, da ich dann gar selige Zeiten in der Pflege des mir unvergesslichen Künders des Herrn genossen.

Anno 1741 hatte ich auch die Gnade, mit der Pilgergemeine nach Genf zu gehen und in Montmirail mit dem ehrwürdigen Vater von Watteville zum Abendmahl zu gehen. Aber da hat mir mein eigener Geist einen großen Streich versetzt und eine Wunde gemacht, die sehr lange ungeheilt geblieben ist. Denn wie der Heiland jederzeit seinen Jünger an mir zum Segen gebraucht hat, so konnte er auch nicht leiden, wenn ich ihm nicht gehorsam war. Als wir nun in St. Blaise waren und der Graf Zinzendorf uns zum Abendmahl sprach, so sagte er zu mir: „Meine liebe Anna, ich habe noch eine Bitte an dich. Denke nur, die Herrnhutische Gemeine hat keine Arbeiterin. Ach gehe du doch dahin." Ich fragte, ob er ein Los dazu habe. (Wusste aber schon, dass er keines hatte). Und als er antwortete: „Du solltest auch ohne

das gehen, wenn er nötig ist", sagte ich ziemlich eigensinnig: „Das tue ich nicht."
Ach wäre ich nur nicht so kühn gewesen, mit zum Heiligen Abendmahl zu gehen, ohne dieses erst ins Reine gebracht zu haben! Denn von der Stunde an ist etwas zwischen mir und meinem geliebten Heiland geblieben, das ich wohl fühlte, aber nur nicht finden konnte. Und ob Er mich auch nachher noch in seinem Dienst brauchte, so war mirs doch nicht mehr wie ehedem, wenn ich mit Ihm, als meinem Freunde über mich und andere redete, welches mich oft viele Tränen kostete.
Als wir wieder nach Marienborn kamen, genoss ich jedoch viele Liebe vom Grafen und er segnete mich noch zum Abschied zur Arbeiterin der Pilgergemeine ein.
Anno 1742, den 7. Januar schenkte uns der Heiland ein Töchterlein Anna Benigna, das aber in seinem 3. Jahre auf dem Herrnhaag heimging.

8. In Livland

Im Mai desselben Jahres reisten wir mit der Gräflich Zinzendorfschen Familie über Kopenhagen und Lübeck zum zweiten Male nach Livland. Ich fand das Land sehr umgekehrt und konnte nichts tun, als weinen und beten. Die Feindschaft nahm immer mehr zu, ja es wurde endlich durch eine Kommission verboten, dass niemand mehr von den Geschwistern weder ins Land hinein noch heraus reisen durfte. Inzwischen begleiteten wir obgedachte Gesellschaft auf ihrer Rückreise nach Deutschland bis Wollmarshof und gingen alsdann nach Brinkenhof zurück.

Dort wurde am 29. September 1743 unser dritter Sohn David geboren.

Nun wurde die Verfolgung immer ärger und die Not größer und im April der Anfang gemacht mit Gefangennehmung unserer Brüder. Der Superintendent Gutslef und Pastor Heltenhof wurden zuerst, auf eigenen Befehl der russischen Kaiserin Elisabeth als Gefangene nach Petersburg gebracht und nicht lange danach im Juni auch der Br. Fritsche und mein lieber Mann, und zwar auf Anstiften eines unsrer größten Feinde, des Landhauptmanns von Tunzelmann, welcher Herr aber in folgender Zeit in kaiserliche Ungnade und selber in die Grube gefallen, welche er andern gegraben, und ist ins äußerste Elend und Verachtung geraten.

14 Tage danach reiste ich mit meinem Sohn von 3 ½ Jahren und einem Kinde im Mutterleibe und meiner Pflegetochter Maria Jacob von Brinkenhof in aller Stille über Riga nach Herrnhut ab.

Weil ich ohne Pass reisen musste, so konnte ich nicht auf der großen Straße bleiben und doch lagen 60 000 Mann Russen an der Grenze, die von der Dina bis zur See eine Linie gezogen hatten. Für Menschenaugen war es nicht möglich durchzukommen. Aber mein Heiland, der mir so unaussprechlich nahe war, als redete Er mit mir, besonders seit der Gefangennehmung meines Mannes, tröstete und unterstützte mich. Ich folgte einfältig seiner Leitung und ließ mich vor Konfusionen bewahren. In Riga wieß er mir unter einem besonders seligen Gefühl seiner Nähe an, welche <u>Stunde</u> ich abreisen sollte. Ich befolgte es, und als wir an die Linie kamen, war das Regiment aus seinem Lager ausmarschiert. Die Wache rief uns wohl zu, der Lette aber, der uns führte, antwortete: Seid nur ruhig, ich komme heute wieder. Auf diese Weise kamen wir durch.

Nun wollte ich den Pastor Loskiel, den ich in Livland hatte kennen lernen und der mir seitdem immer auf dem Herzen gelegen, besuchen, dazu mich auch der Heiland anregte. Ich konnte aber nicht erfahren, wo er wohne, indem er in der Gegend ganz unbekannt war, und in Livland hatte man auch nichts mehr von ihm gehört.

Ich wagte es aber auf den Heiland und fragte von einem Ort zum andern und musste durch viele Umwege in großen Wildnissen und auf gefährlichen Wegen, da man oft nicht einmal eine Spur von Menschen, geschweige von Wagen sah, sondern lauter Moräste und Sträucher, herumirren. Einmal geriet ich auch des Nachts unter eine Bande Zigeuner.

Endlich kam ich ganz ermüdet nach Angermünde im Curland zu meinem lieben Pastor Loskiel. O wie froh war ich, das Haus zu sehen!

Sie haben mich wie ihr liebstes Kind aufgenommen, mein Leid, als wenn's ihnen geschehen wäre, beweint, und mich getröstet und erquickt. Was das für eine Labung für mich war, ist in keine Worte zu fassen. Mein Herz wird, solange es schlägt, in unzertrennlicher Freundschaft mit ihnen bleiben. Was mir der Heiland über das Haus, als ich da war, versprochen, hat Er mich noch in Erfüllung gehen sehen lassen.

Sie begleiteten mich nachher noch 20 Meilen bis nach Lübau und besorgten alles sehr schön, dass ich sicher nach Königsberg kam.

Daselbst kam ich unter der treuen Leitung des Heilandes zu Br. Sack, der mir viele Liebe in seinem Hause erwiesen, so wie überhaupt alle dasigen Geschwister, besonders aber Br. George und die Schwester Schiffert. Br. Sack begleitete mich auf Zuraten der Geschwister bis in mein liebes Herrnhut, wo ich den 16. August 1747 ankam.

Vor Freuden, mich nun wieder hier zu sehen, vergaß ich auf eine kurze Zeit mein Leid. Aber mein Schmerz über meinen lieben Mann kam doch bald wieder und dann gab's gar manche trüben und schweren Stunden.

Der Graf kam eben zu der Zeit zu meinem Trost von Marienborn zurück, mit welchem ich über alles ausredete. In dieser Not hat er sich recht väterlich meiner angenommen, wie auch die mir unvergessliche Gräfin. Ich war es wohl nicht wert, aber sehr bedürftig.

Ich kam ins Pilgerhaus und mit demselben nach Hennersdorf und sodann wieder nach Herrnhut. Es gab bei alledem doch viel schwere Stunden für mich, so dass es ein Wunder war, dass ich und mein Kind, mit dem ich schwanger ging, nicht draufgegangen.

Der liebe Heiland half mir aber glücklich durch und schenkte mir anno 1748, den 20. Januar meinen vierten Sohn Johann Friedrich zu meiner und aller Geschwister Freude. Das Kind war gesund und munter, außer, dass es 6 Wochen lang immer tränte.

Ich ging im August mit vielen Geschwistern nach der Wetterau und kam anno 1749 als Kindermutter in die Knäbchenanstalt nach Lindheim. Im Februar desselben Jahres hatte ich das große Vergnügen, die erste zuverlässige Nachricht durch ein eigenhändiges und zärtliches Briefchen von meinem lieben Mann zu erhalten, mit Bleistift geschrieben. Da gab's Freuden- und Danktränen.

Anno 1750 zog ich mit der Knäbchenanstalt nach Marienborn.

1751 kam Br. Risler aus Petersburg und brachte mir mündlich gute Nachricht von meinem lieben Mann. Er offerierte sich auch, mich dahin mitzunehmen.

Weil ich nun, so oft ich mit meinem lieben Heiland über die Sache geredet hatte, die Verheißung bekommen, dass es sich schon noch so machen würde, so nahm ich das als von Seiner Hand an, zumal da es auch die Geschwister und besonders der Graf gerne sahen.

Der Graf segnete mich in Ebersdorf unter der nahen Gegenwart des Heilandes zu meiner bevorstehenden Reise mit Handauflegung ein und gab mir sehr wichtige Kommissionen an meinen lieben Mann ab.

Darauf trat ich mit Geschwister Rislers am 1. August die Petersburgische Reise an und am 29. August 1751 kamen wir daselbst an. O, wie eine schwere Luft überfiel mich hier!

9. Die Gefangenen in der Petersburger Festung

Vier Jahre waren vergangen, seit Dr. Krügelstein und seine drei baltischen Brüder - der Superintendent Gutsleff, der Pfarrer Helterhof und der Theologiestudent Fritsche - gefangen genommen und in die Festung St. Petersburg gebracht worden waren.
Das Baltikum stand damals unter der Herrschaft des russischen Zarenreiches. Die Herrnhuter waren dort in Folge freundschaftlicher Beziehungen zu einigen Angehörigen der überwiegend lutherischen Oberschicht schon seit 1737 tätig. Sie betrieben keine Heidenmission - die Bevölkerung war längst christianisiert - aber sie waren sehr erfolgreich in ihrem Bemühen, die Menschen zu einem lebendigen Christusglauben hinzuführen. Eine eigene Kirche zu gründen war nicht vorgesehen. Als dann aber trotzdem in Livland, Lettland und Estland neue Gemeinden nach Herrnhuter Vorbild entstanden, fürchtete die Russisch-Orthodoxe Kirche um ihren Einfluss. Die Herrnhuter wurden in ihrer Arbeit behindert, als Sekte verschrien und schließlich 1743 durch einen Erlass der Zarin Elisabeth verboten.

Im Lebenslaufs von Br. Krügelstein ist beschrieben, unter welchem Vorwand 1747 die vier Brüder verhaftet wurden und was sie in den Jahren ihrer Gefangenschaft erlebten und erduldeten:

Anno 1746 wurde auf der Insel Ösel in Br. Helterhofs Pastorat ein Schulhaus für deutsche Kinder erbaut. Die darüber und über die Besetzung desselben geführte Korrespondenz des seligen Fritsche mit Br. Krügelstein, der seinen Beifall zu einer dergleichen Anstalt nicht geben wollte, wurde, wie bereits bekannt ist, aufgefangen, von dem damaligen höchstfeindseligen Landes-Hauptmann aufs ungerechteste ausgelegt und endlich so weit betrieben, dass im April 1747 unsere Brüder, der Superintendent Gutsleff und Pastor Helterhof gefänglich eingebracht wurden! Ehe solches Br. Krügelstein erfuhr, schrieb er an ersteren, bezeugte ihm seine gläubige Zuversicht zum Vater im Himmel, dass Er Seines Sohns Volk und Sache überall besorgen, Ihm Raum machen und es schützen werde. Und gebrauchte unter anderem der Worte aus dem Hymno zum Vater unsers Herrn.

   „Und als Er sich zum Thron gemacht
   nahmst du das Kriegs-Generalat
   und zogst das Schwert und steckst nicht ein,
   bis die Teufel Fußschemel sein."

Dieser Brief, der an einen Gefangenen geschrieben war, fiel gleichfalls in des Land-Hauptmanns Hände, welcher von den angeführten Worten Anlass nahm, eine neue Klage auch gegen die Brüder Krügelstein und Fritsche anzubringen. Die Sache wurde ins Kabinett gebracht als kriminell, man fertigte höchsten Orts Offiziere ab, diese zwei Personen in Verhaft zu nehmen, ob nun wohl Br. Krügelstein indes die Gefangennehmung der Brüder Gutsleff und Heltershof vernahm, so konnte er nun doch der Gefahr nicht ausweichen.

Zuerst geschah Nachfrage nach dem Br. Fritsche, welcher eben in Brinkenhof gewesen und nun mit den aus ihrer Gefangenschaft zurück gekommenen Brüdern Conrad Lange,

Michael Kundt, und Zacharias Hirschel abgereist war. Br. Krügelstein begleitete sie und besuchte darauf seine kranken Personen. Es wurde ihm sodann am 4. Juni in Döerpt durch einen abgeschickten Offizier auf allerhöchsten Befehl der Arrest völlig angekündigt. Unser geliebter Bruder sagte: „Wie der Herr will, ich bin Sein, und habe ein gutes Gewissen, dass ich mich nie gegen Ihro Majestät verschuldet habe." Er wurde auf der Stelle weggebracht, so dass seine Frau nicht einmal noch Erlaubnis bekam, ihn noch einmal zu sehen. Welche daher mit ihrem 4jährigen Söhnlein und einem Kinde unter ihrem Herzen nach Herrnhut abreiste und daselbst ihren vierten Sohn Johann Friedrich bekam.

Unser Br. Krügelstein wurde von einem wilden und unbarmherzigen Offizier in der Nacht weiter fort gebracht, da indessen der Kapitän den Br. Fritsche aufzusuchen Ordre hatte, und welchen er auch zu Wallnüll fünf Meilen von Reval antraf. In Petersburg wurde ein jeder in ein apartes Gewölbe in der Festung gesetzt. Keiner wusste etwas von dem anderen. In den ersten vier Wochen lag Br. Krügelstein ganz allein in einem nassen und engen Loch, dass er kaum 3 Schritte gehen konnte. Und des Nachts schliefen noch zwei Soldaten in demselben.

Er hatte wie die geringste Sorte der Gefangenen täglich 2 Kopeken bekommen sollen. Weil er aber die Sprache nicht verstund, auch nicht wusste, dass er solches bei der Geheimen Kanzlei musste abfordern lassen, so litt er große Not, ernährte sich so lange von den Brosamen, welche von dem Wachhabenden-Tische fielen, bis er unter andere Gefangene kam, und von ihnen die Art und Weise lernte. Nun

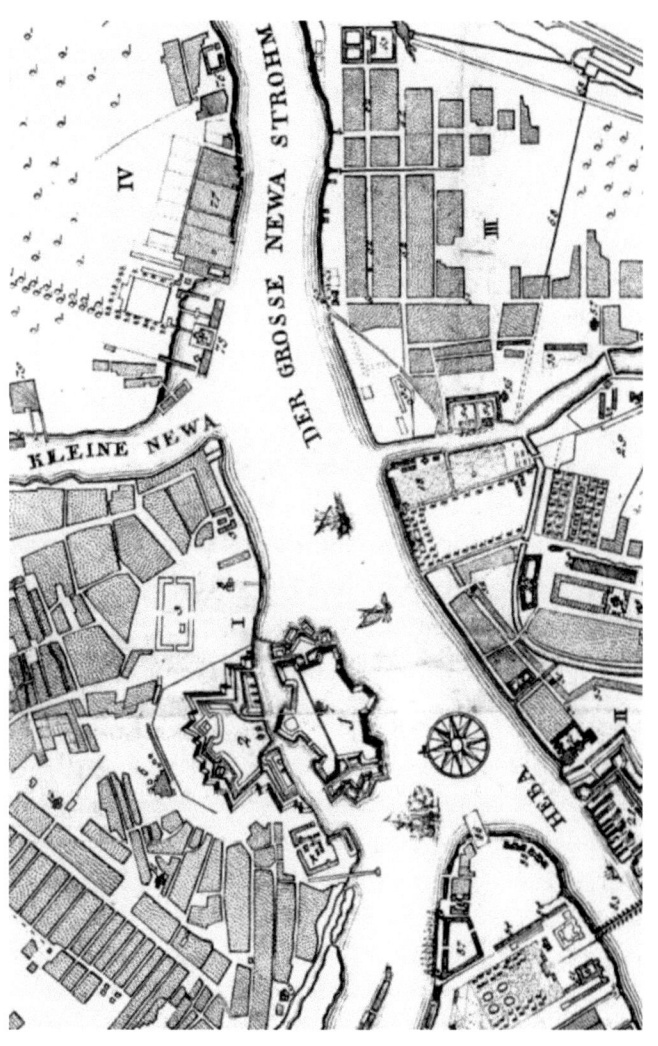

St. Petersburg im Jahr 1737 mit der Festung Peter und Paul auf einer Insel in der Newa

kriegte er zwar manchmal einige Kopeken Almosen, allein er war auch mit Dieben und Mördern umgeben, und hatte sonderlich von einem derselben, der ein ausgezeichneter Bösewicht war, viel auszustehen. Endlich bekamen sie einen Sekretär zu ihrem Mitgefangenen. Derselbe unterschied unsern Br. Krügelstein bald von allen andern. Und weil er alles Lateinisch verstand, so unterredete er sich mit ihm zuweilen sehr herzlich, diente ihm, wo er konnte, und half ihm und den anderen Gefangenen von besagtem bösen Menschen los, indem er Vorstellung tat, dass ihnen derselbe an ihrer Andacht hinderlich sei.

Am 8. September 1747, also 3 Monate nach seiner Gefangenschaft, wurde er endlich zum Verhör gebracht. Er erschien vor seinem Richter schon sehr matt und entkräftet. Man examinierte ihn über obgemeldeten Brief, und fand zwar die darauf gegründete Beschuldigung ungegründet, schickte ihn aber dennoch in sein voriges Gefängnis zurück, in welchem er 1 ½ Jahr zubrachte, ehe ihn nur ein Mensch ausfinden, geschweige ihm in seinem Elend etwas helfen konnte.

Der Heiland aber selbst stärkte dieses sein armes Kind durch seine Nähe an Leib und Seele. Seine Marter, Angst und Stich trösteten ihn bei allem Mangel.

Um sein Sehnen nach einer Bibel zu stillen, sparte er sich täglich ½ Kopeke am Munde ab, legte auch etwas von dem Almosen dazu, versetzte seinen Reisehut und brachte auf die Weise 3 Rubel zusammen. Dieselben gab er einem Offizier, ihm dafür eine Bibel zu kaufen. Derselbe aber behielt das Geld, und unser Br. Krügelstein bekam keine Bibel, welches er mit Tränen beklagte.

Sein Jammer wurde täglich größer, die Kleider rissen ihm vom Leib ab. Er kriegte einen schlimmen Husten und wurde elendlich krank. In diesem Zustand wurde er vor seinem Fenster Brenn-Nesseln gewahr. Er kroch, so gut er konnte, heraus, raufte dieselben ab, ließ sie mit etwas Salz kochen, aß täglich davon und empfand dadurch auf seiner Brust einige Linderung. Wegen seiner anhaltenden Schwachheit aber fand sich endlich der zu den Gefangenen verordnete Chirurgus aus Mitleiden gedrungen, gehörigen Orts Ansuchung zu tun, dass dem armen kranken David Iwanowitsch (so hieß er auf der Liste der Gefangenen) ein gesünderes Logis gegeben werden möchte. Da nun auch der treue und venerable Zeuge Gutsleff den 2. Februar 1749 ganz geschwollen und ausgezehrt im Gefängnis selig heimging, so erregte solches in der Kanzlei ein Mitleiden und man brachte den Br. Krügelstein aus einem sehr engen hölzernen Winkel in eine steinerne Kaserne.

Bei Gelegenheit dieser Umlogierung erfuhr auch Br. Helterhof das erste Wort, dass Br. Krügelstein hier und sein Mitgefangener sei, und suchte von Stund an Gelegenheit, ihn auch von sich was wissen zu lassen, um ihm zu dienen. Nun ist aber alles darauf gerichtet, dass kein Gefangener vom andern was erfahren kann. Br. Helterhof aber erfuhr den Ort des Aufenthalts unsers Bruders Krügelstein auf diese Weise: Alle Russen, sowohl die, die die Wache hatten, als auch die Gefangenen, nahmen an unseren Brüdern einen so ähnlichen Blick, geduldige Fassung und Handelsweise wahr, dass sie dieselben insgemein für leibliche Brüder hielten, und sogar die ärgsten Missetäter ihnen gerne dienten und einen mit Nachrichten vom andern erfreuten. Einer derselben hatte um

diese Zeit etliche Tage mit Br. Krügelstein zusammen gesessen und von ihm in seinem äußersten Elend einige Liebe genossen. Dieser wurde darauf in das Gefängnis gebracht, wo sich nebst andern auch Br. Helterhof befand, den dieser Gefangene für Br. Krügelsteins leiblichen Bruder hielt. Br. Helterhof konnte gar etwas Russisch reden, scheute sich aber, mit diesem Menschen einzulassen. Er rief aber bald von freien Stücken aus: "Doktor Krügelstein sitzt auf der und der Nummer, und sah dabei den Br. Helterhof an, wie sich bei dieser Nachricht das brüderliche Geblüt regen würde, worin er sich auch nicht irrte. Schrecken und Freude, Schmerz und Vergnügen überfielen ihn. Er erkundigte sich sodann nach seinem Befinden und war darauf bedacht, ihm mit etwas zu helfen. Überhaupt kam um diese Zeit, da es dem Herrn gefiel, die Härte des Gefängnisses unserer Brüder, welche unsern Br. Krügelstein am meisten betroffen, zu wenden. Ein gewisser, wohlbekannter Chirurgus Hofrat Köhler scheute keine Mühe und Gefahr, seinem Trieb ein Genüge zu tun, den Br. Krügelstein auszufinden. Gutgesinnte Offiziere seines Regiments waren ihm hierin behilflich. Einer derselben fand auf der Liste der Gefangenen einen David Iwanowitsch, der ein Doktor sein sollte. Den führte er dem Chirurgus einmal aus seinem Gefängnis heraus, dass sie einander in einer gewissen Entfernung sehen konnten, um danach zu erfahren, ob dies Br. Krügelstein wäre, und er war es.
Da kam dann ein matter, kranker Mann heraus, mit einem langen Barte, mit zerfetzter und mit Ungeziefer bedeckter Kleidung, kein Hemd auf dem Leibe, sondern einen bloßen Rock, von dessen Aufschlägen er sich Mützen gemacht hatte.

Als er nun den Chirurgus erblickte, rief er: „Ach, mein Bruder", und er eilte herauf zu ihm, sie fielen einander um den Hals und weinten und er gab ihm, was er hatte. Vor Freude aber hatte keiner den andern um das Nötigste befragt. Daher Br. Krügelstein erst nachher in seinem Gefängnis mit Betrübnis überdachte, dass er zwar einen schönen Blick gehabt hätte, aber nun doch nicht wusste, wo dieser sein Bruder wohnte. Derselbe aber erhielt endlich Erlaubnis, dass er und seine Frau ihn besuchen und ihn mit Essen und Kleidern besorgen durften. Ja, die Vorstellung von seiner großen Schwachheit fand endlich so viel Eingang, dass ihm mitten in der Festung eine große und trockene Stube allein angewiesen werden sollte. Da ihn der Chirurgus und seine Frau hier das erstemal besuchen wollten, fanden sie anstatt seiner den Br. Helterhof, welchen der Offizier mit Br. Krügelstein verwechselt hatte. Das war zwar auch eine große Freude, und der Bruder bat, dass es dabei bleiben möchte, erwirkte aber für Br. Krügelstein ein gleiches Zimmer, welches er auch neben Br. Helterhof erhielt, so dass sie einander nicht sehen, aber doch hören konnten.

Br. Krügelstein wurde in dieser geraumen und trockenen Wohnung, in welcher er sich ganz allein befand und eine eigene Wache hatte, so krank, dass er seinen Heimgang vermutete und daher den Sekretär der Geheimen Kanzlei zu sich kommen ließ, den er nach einem nachdrücklichen Anreden fragte, ob sie noch was zur Erläuterung ihrer Sache zu wissen nötig hätten. „Nein", war des Sekretärs Antwort. „Wir beklagen euch. Gott möge eure Verkläger richten." Jedoch der Besuch mehrerer Geschwister, desgleichen des Br. Fritsches Bibel und Gemeinschriften, welche sie ihm brachten, stärkten ihn an Leib und Seele ausnehmend. Sie konnten öfters miteinander singen und beten, welches einen neben ihnen gefangen sitzenden vornehmen Herrn zu großer Erbauung gereichte.

Zu Anfang des Jahres 1751 bezog Br. Krügelstein ein von dem Chirurgus mühsam ausgewirktes etwas einsam gelegnes Plätzchen im Ravelin (Teil der Festung), *da er auf dem Walle spazieren gehen und frische Luft genießen konnte, auch eine beständige Wache hatte, die nicht abgelöst wurde. Im Februar zog auch Br. Helterhof und den 21. Mai Br. Fritsche zu ihm.*

Das war ein Freudentag ohnegleichen. Sie formierten nun in ihrer Wohnung, welche sie wegen der Ähnlichkeit mit den in der alten Griechischen Kirche gewöhnlichen Versammlungen in den unterirdischen Gewölben bei den Gräbern der Heiligen, die Katakombe nannten, ihr eigenes Gemeinlein aus, welches sie nunmehr von den dortigen Brüdern besuchen und genießen konnten. In ihrer Nachbarschaft saß einer, der auch Erlaubnis hatte, auf dem Wall herum zu gehen. Mit demselben machten sie Bekanntschaft und der heilige Geist segnete ihr Zeugnis vom Blute und Tode Jesu so an seinem Herzen, dass sie bald einen wahren Bruder an ihm hatten, der ihnen oft zum Trost war.

Von diesem ihrem neunmonatigen Aufenthalt in der Katakombe schreiben sie selbst folgendes:

„Wir sind bei mancherlei Not und Übung einander zum Trost und Freude worden. Unser blutiger Herr und Mann war gar oft fühlbar in unserer Mitte und brachte uns immer gründlicher auf unser Herz, auf seine Absicht mit uns, auf gründlichere Einsicht in unsern Gang und Führung und die

feste Entschließung mit Glauben und Geduld zu warten, bis seine Stunde kommen würde. Wir bekamen auch nach und nach viele Nachbarn, denen wir manches gute Wörtchen vom Heiland und seinen Wunden zu sagen Gelegenheit hatten. Die merkwürdigsten sind ein Sekretär, der uns auch in der wiedererlangten Freiheit und Ehre noch lieb hatte, und ein Major, der schon etliche Jahre ein aufrichtiger Freund des Br. Fritsche war, und den derselbe zu seinem aufs Kreuz Jesu Christi verbundenen Mitbruder angenommen hatte. Er liebte uns alle zärtlich, hörte unser evangelisches Zeugnis mit großem Respekt und wahrem Gefühl an und war gegen Geistliche und Weltliche, die ihn besuchten, ein treuer Zeuge unserer Redlichkeit und Unschuld und wahrem Christentum. Er ging endlich an einem Krebsschaden sehr selig und zu jedermanns Erbauung heim."

Um diese Zeit schickten die Geschwister von Reval etwas Geld für sie, so dass sie nun dafür warmes Essen bekommen konnten und sich dasselbe durch die Soldaten holen lassen durften.

Sie wurden von Vornehmen und in hohen Ämtern stehenden Personen besucht, auch consulierte man den Br. Krügelstein wegen kranker Personen, für welche er Rezepte schrieb.

Anno 1751, den 28. August kam seine liebe Frau mit Geschwister Rislers daselbst an ...

10. Sieben Jahre in Petersburg

Erst blieb ich bei Geschwister Rislers, aber mein lieber Bruder Köhler hielt es nicht für gut und ich musste nach zwei Tagen in sein Haus ziehen, wo ich sehr krank wurde. Der gute liebe Bruder Ferber hat mich als eine Fremde besucht, getröstet und mit notdürftigem Geld versehen. Seine Freundschaft bleibt mir unvergessen. Sie war wahrhaftig brüderlich.

Es war ein Versehen, dass man dem Br. Döhler nicht geschrieben, dass ich mit Geschwister Rislers kommen würde, weil er's erst dem Secretarius Nabokots melden und mir die Erlaubnis dazu erbitten musste. Daher musste ich anfangs ganz in der Stille und unbekannt in seinem Hause bleiben und mich zu des Sächsischen Gesandten Hause rechnen. Das war eine harte Probe für mich, aber doch nur eine kleine gegen die, die mit der Zeit drauf folgende.

Meine Krankheit nahm so zu, dass ich glaubte, heimzugehen und mich hier in Petersburg begraben zu lassen, ohne meinen lieben Mann gesehen zu haben. Diese meine Not konnte ich niemanden, auch nicht meinem Mann klagen, denn was ich ihn wissen ließ, musste ich so einrichten, dass es konnte gelesen werden, weil alles durch fremde Hände ging. Ich wendete meine schlaflosen Nächte zur Unterredung mit meinem einzigen und besten Freunde an, netzte mein Lager mit Tränen und Seine verdienstlichen Tränen, Seine Verlegenheiten und nächtlichen Gebete, kamen mir sehr zu statten und stärkten und trösteten mich, dass, wenn ich auch zu Ihm heimginge, ohne meinen lieben Mann gesehen zu haben, so sei Er doch mein

unverrückbar treues Herze und wisse, warum Er mich
hierher gebracht habe.

Von meinen lieben Geschwistern Rislers und Ferbers hatte
ich nicht viel, denn sie wohnten sehr weit von mir,
besuchten mich aber doch, ungeachtet der Schwierigkeit
und der Weitläufigkeit, so viel es ihnen möglich war, und
erquickten meine dürftige Seele, wofür ich, solange ich lebe,
erkenntlich bleiben werde. Der Heiland tröste sie wieder,
wenn sie Trost bedürfen.

Am 8. September, als an unserm Trauungstage, wollte mir
der Bruder Köhler doch meine Bitte gewähren und mich
heimlich zu meinem Mann bringen. Er richtete es daher so
ein, dass ein alter Soldat allein die Wache hatte, und führte
mich mit seiner Frau und Kind unter dem Namen seiner
Kinderfrau ins Gefängnis zu den Brüdern. Das war eine
große Freude, meinen Mann nach so langer Zeit wieder
einmal zu sehen, obgleich in großer Schwachheit von beiden
Seiten. Ich überbrachte ihm hierbei selbst die mir vom
Grafen an ihn aufgetragene Commission, die ich
niemandem, auch der Feder nicht, anvertrauen durfte, und
nun wollte ich gerne schlafen gehen, da ich der eigene Bote
sein konnte.

Öffentlich durften und konnten wir uns nicht freuen, denn
ich war noch immer incognito da, weil Köhler dem Secretair
gesagt hatte, dass er mir erst geschrieben habe, dass ich
kommen dürfte. Im Oktober erhielt ich endlich die längst
gewünschte Erlaubnis, zu meinem lieben Mann zu ziehen,
der mit den zwei Brüdern Helterhof und Fritsche, denn
Gutsleff war schon heimgegangen, in das von Schwester
Helterhof gemietete Quartier gegangen war. Ach was das für

eine große Labung für ein solches krankes abgemattetes Herz war.

Aber auch das konnte nicht ohne Schmerz bestehen. Denn es kam wieder eine Contre ordre, dass ich noch nicht zu meinem Mann kommen könnte. Ich musste wieder zurück und sechs Tage bei Geschwister Rislers im Verborgenen bleiben. Doch durch das unbeschreibliche Bemühen des Br. Köhlers, der sich um unsertwillen viel Verdruss, Schmach und Ungemach gefallen lassen und große Unkosten dran gewandt, uns die Freiheit des Zusammenziehens auszuwirken, genossen wir endlich auf einige Zeit dieses Glück. Der liebe Heiland hatte diesen Mann, ohngeachtet der Konfusion auf allen Seiten, recht augenscheinlich zum Diener Seiner Gefangenen bestimmt und legitimiert. Wir können Ihm nicht dankbar genug dafür sein.

Unsre Freude zusammen währte aber nicht lange. Denn am 3. Mai 1752 mussten die Brüder wegen des Versehens eines andern Gefangenen wieder in ihre Katakomben zurück. Schwester Helterhof und ich blieben als arme Waisen in dem Hause, hatten aber Erlaubnis, unsre Männer zu besuchen und mit dem Nötigen zu besorgen.

Am 2. November hatten wir eine große Wassersnot. Die Newa ergoss sich so stark, dass das Wasser in den Katakomben bis an die Hälfte der Fenster stieg. Auch in der Vorstadt, wo wir wohnten, war große Not. Ich stand auf einmal bis an den halben Leib im Wasser in meiner Stube und musste mich so nass ins obere Stockwerk retiriren, ohne mich trocken kleiden zu können, und blieb doch gesund und konnte den andern Morgen zu den armen Gefangenen gehen, in deren Katakomben das Wasser noch eine Elle hoch stand, nachdem es schon wieder im Strom gefallen war. Sie hatten sich auf die Mauer retten und da einen Tag und zwei Nächte unter freiem Himmel in großer Kälte, Schnee und Regen behelfen müssen. Wir schöpften das Wasser mit vieler Mühe heraus und brachten unsern und andern Gefangenen was zur Stärkung und Erwärmung, denn sie waren ganz erstarrt. Wir konnten nicht ohne Gefahr des Lebens zu ihnen kommen, denn die Brücke, die an das Rewelin gebaut war, hatte der Strom weggerissen und kein Soldat wagte sich, übers Wasser, den Gefangenen Brot zu holen.

Eine dergleichen große Überschwemmung kam den 6. und abermals den 11. November wieder, da man sich aber besser davor verwahrte.

Am 30. Dezember hatten wir abermals die Freude zusammen zu ziehen. Der Herr Secretair Nabokots verschaffte uns aus Freundschaft ein an die Krone gefallenes Haus in der Vorstadt zum Freiquartier. Auch hatte ich die Gnade, schwanger zu werden. So wie mir nun jederzeit diese Geschäfte respectable gewesen und ich dabei die Nähe des Heilands immer ganz besonders genossen, um so viel mehr war es mir dieses Mal respectable, und das Kind war schon im Mutterleibe eine Gefangene des Herrn. Aber, so wie ich, seit ich Russlands Grenzen betreten und bis ich sie wieder verlassen, das Gift und den Zorn des Fürsten der Finsternis recht habe fühlen und empfinden müssen, so hat er auch in diesen Umständen Erlaubnis bekommen, mich zu schrecken und auf mancherlei Weise zu ängstigen. Und so ging meine Zeit zwar durch des Heilands Hilfe glücklich, aber nicht ohne heimlichen

Kummer aus. Denn ich kannte den Neid des Satans, seine Wut gegen uns, dass es manchmal schien, als wären wir ihm zum Zeitvertreib gegeben, damit er im übrigen keinen Schaden tun könnte. Und das glaubte mein Mann sehr feste, dass, solange wir hier wären, das Werk Gottes in Livland ungehindert fort gehen würde.

Anno 1753, den 3. Oktober, abends um 7 Uhr schenkte uns der Heiland ein Töchterchen und mir hiermit das Ende meines Kummers, der sich auf einmal in Freude verwandelte. Der Herr Secretair Nabokots, den wir es noch denselben Abend wissen ließen, schickte gleich zu seinen Freunden, und ließ ihnen sagen, sie sollten Gott danken, Er hätte mir glücklich durchgeholfen. Den andern Morgen kam er selbst, seine Freude zu bezeugen und konnte sich der Tränen nicht enthalten. Es war überhaupt eine allgemeine Freude unter unsern Freunden und Geschwistern wahrzunehmen, und sie bezeugten alle ihr Teilnehmen werktätig.

Als der Besuch vorbei war, wurde diese unsre kleine Mitgefangene von Pastor Bützow, Prediger an der großen Evangelischen Petrikirche, welcher in Jena erweckt und auch mit dem Grafen Zinzendorf bekannt war, in Jesu Tod getauft und Johanna Christiana genannt, unter einem gar seligen Gefühl der nahen Gegenwart des Herrn und Vergießung vieler Tränen, sowohl des Pastoris, der das Kind den blutigen Wunden des Heilands zur Bewahrung in der Fremde empfahl, als auch der Anwesenden. Die Taufe war in meiner Stube.

Wir lebten eine Weile noch recht in der Stille und vergnügt. Die mancherlei Schrecken, die nie ausblieben, waren uns

leichter zu ertragen, weil wir doch beisammen sein konnten.
Aber noch dieses Jahr gefiel es unserm lieben Herrn, den
Herrn Secretair Nabokots mit einem gläubigen seligen
Herzen aus dieser Welt zu sich zu nehmen, zwar zu unserer
Freude, aber auch Betrübnis.
Sein Nachfolger war wohl auch ein guter Mann, weil er aber
aus Moskau kam, so waren wir ihm ganz unbekannt und
man fing an, uns mehr einzuschränken. Die armen Satans-
Sklaven bekamen wiederum Freiheit, das auszuüben, wozu
sie ihr Geist trieb, und wir konnten nun auf neue Proben
rechnen, welche auch nach langer Furcht Anno 1754
zwischen dem 27. und 28. August erfolgten, da der Feind
des Kreuzkirchleins eine neue und sehr bittere Schale Gifts
über dasselbe ausgoss. Es kam nämlich in dieser Nacht ein
Mann aus der Kanzlei, sehr ungestüm und wie ein
brüllender Löwe, und nahm die drei Brüder mit fort, ohne
das geringste zu sagen, wohin und warum. Mein armer
Mann lag eben am hitzigen Fieber sehr krank danieder. Alle,
die zugegen waren, baten für ihn, aber vergebens. Die
Antwort war: „Ich habe Ordre vom Inquisitor." Wir nahmen
also in diesem Leben sehr schmerzlichen Abschied von
einander. Ich musste meinen todkranken Mann hinaus
schleppen und ihn auf ein offenes Fahrzeug legen und ihn
so in Sturm und Regen auf dem Wasser schwimmen sehen.
Wir zwei Schwestern weinten die ganze Nacht hindurch.
Hingegen war unser Soldat in dieser Nacht mit
Lebensgefahr bemüht, ihnen nach zu folgen, in Hoffnung
etwas Tröstliches von ihnen zu erfahren, aber vergebens.
Früh um 4 Uhr ging er zu Br. Köhler, ihm diese betrübte
Nachricht zu bringen, der gleich mit ihm kam, uns zu

trösten und mit uns zu weinen. Unterwegs fragten sie die Leute, die sie weggefahren, wo die Gefangenen hingebracht worden wären. Die aber waren schon von ihrem Anführer unterrichtet, die Sache recht gefährlich zu machen und sagten, um uns noch mehr zu ängstigen: Der eine sei, nachdem er die Knute gekriegt, in die Ostrog gebracht, der andere gleich gestorben und der dritte sei noch beim Inquisitor geblieben, er solle nach Sibirien geschickt werden. Das war nun erst ein Schmerz! Da wir zwei Schwester mit Br. Köhler noch so saßen und weinten, kam ein Soldat von ihrer gestrigen Wache, der sie auch mit abgeholt hatte, mit der fröhlichen Nachricht zu uns, dass sie in die Festung in ihre Katakomben gebracht worden wären und dass wir sie besuchen könnten, so oft wir wollten. O welch ein Bote guter Zeitung! Br. Köhler ging zuerst hin, um zu erfahren, ob sich's so verhielte. Nach zwei Stunden kam er mit der Nachricht zurück, dass es genauso sei. Der Mensch, der uns so geängstigt, habe keine Ordre dazu gehabt. Sie hätten aber sogar den andern Tag in einem wohlzugemachten Wagen hingefahren werden können. Er habe sich's eben beim Inquisitor ausgebeten, sie wieder in die Festung zu bringen, aber niemandem sei es eingefallen, dass er es so hart machen würde. Wir gingen also zu ihnen und nahmen allerlei zur Stärkung mit, und ich nahm auch mein Kind mit hin. Unterwegs redete ich mit dem Heiland über diese Umstände und Er überzeugte mich, dass dieses für die Zeit und so lange sie als Gefangene in Petersburg sein sollten, das bestimmte Plätzchen für sie sei und dass sie nach Seinem Herzen dort waren. Und so ging ich mit Vergnügen sie besuchen. Das war eine Freude, sie tot zu

glauben und wieder lebendig zu sehen. Ich fand meinen
lieben Mann auch zum Wunder besser, doch behielt er von
da an eine sehr schwächliche und schmerzhafte Hütte bis
an sein Ende. Ich ging abends oft von ihm in der Meinung,
ihn das letzte Mal gesehen zu haben. Wir zwei Schwestern
behielten von diesem Schreck auch schmerzhafte Zufälle.
Ob es auch gleich erlaubt war, sie am Tage so oft wir
wollten, zu besuchen, so kam doch ein Schreck nach dem
anderen über uns und ich habe oft recht Mitleiden mit den
armen Menschen gehabt, die als Sklaven des Satans seine
Befehle ausrichten mussten, und nichts davon hatten, als
Verdruss von ihren Kameraden oder Verweise von ihren
Obersten. So trafen wir zum Beispiel oft einen Soldaten mit
der Flinte vor der Tür stehend an, der weder uns hinein,
noch die Brüder heraus lassen wollte, bis wir neue Befehle
von der Kanzlei holten. Wurden sie gefragt, warum sie uns
Armen so viel Not antun, so hieß es: Der Teufel gab mirs so
ein. Die oftmalige Abwechselung der Wache hat auch viel zu
unserer Not beigetragen.

Ich sagte meinem lieben Mann einmal, wie mirs in
Ansehung ihres Wohnens hier sei. Ihm war es auch so und
er setzte noch hinzu: Wir wollen in der lieben Nähe unsers
Herrn ein jedes an seinem Orte recht selig sein und uns
durch den Umgang Seiner geliebten Marterperson alle
Beschwerden versüßen lassen.

Anno 1755 nahm der Heiland meine so zärtlich geliebte
Schwester Helterhof zu sich heim. Sie ging als eine arme
Sünderin, in ihres Freundes Armen sanft auszuruhen. Nun
blieb ich mit meinem Kind ganz allein und kam in sehr
große Not. Die Sprache kannte ich nicht und die Soldaten

waren schlechte Leute. Wenn ich ausgehen musste, war ich sehr verlegen, mein armes Kind bei solchem Volke bleiben zu lassen. Ich habe sie oft mir tausend Tränen dem Heiland empfohlen, der mich auch getröstet, dass er über sie wachen wolle und hat seine Gnadenflügel über dieses arme Würmlein gebreitet.

Anno 1756 ging mirs von neuem schwer. Man wollte mir zu verschiedenen Malen das Haus nehmen, wo wir bisher so ruhig gewohnt hatten. Auf der ganzen Insel war keines für meine Haushaltung so bequem, weil es so nahe bei der Festung lag, wohin ich alles bringen musste. Außerdem schwebte ich in täglicher Gefahr, von den Räubern überfallen zu werden. Die Geschwister in Petersburg wurden auch verlegen und rieten mir, um einen Bruder aus der Gemeine zu bitten. Mir schien das zwar für mich zuviel zu sein, weil ich nicht glaubte, so viel Wert zu sein. Weil sie aber alle, und auch mein lieber Mann, in mich drangen, so wagte ich's und bekam zu meiner großen Freude und Beschämung den Br. Grumberg (nunmehr in Reval) geschickt, da ich in etwas getröstet wurde und auch eine große Hilfe von ihm hatte, in Ansehung meines Kindes. Ich hatte mir auch aus Mitleiden ein Russen-Mädchen angenommen, welches den Heiland als den Sünderfreund lieb bekam. Und wenn ich ausgegangen war, sang sie meiner Johannel Verse von der Marter Jesu und bewahrte sie vor vieler Gefahr. Das war mir bei mancherlei Not der Erden zum großen Trost.

Anno 1757 fiel ich in die Newa und hätte ertrinken müssen, wenn nicht das Auge und Wächter Israel so treulich über mich gewacht hätte. Das Eis brach nämlich unter meinen

Füßen durch und der Strom riss mich ein ganzes Stück mit sich fort.

Von der Verkältung wurde ich sehr kränklich. Ich bat aber den lieben Heiland, er solle mir nur schon das Vergnügen gönnen, die drei Gefangenen pflegen zu können, solange sie hier in diesem Jammertal noch Pflege brauchten, wenn es gleich in großer Schwachheit wäre. Das hat Er mir auch zu meiner großen Freude aus Gnaden geschenkt. Und ob es gleich oft so aussah, als wollte die schwache Hütte brechen, ging es doch noch immer so, dass sie nicht Not leiden durften.

Im Oktober 1758 hatte ich einen besonderen Gnadenbesuch vom lieben Heiland. Ich bat Ihn mit viel tausend Tränen, sich über mich zu erbarmen, und mir, Seiner Sünderin, nach Seiner alten Weise Sein Herz ganz heraus zu sagen, weil ich nämlich seit einigen Jahren öfters, wenn es auf rechte Vertraulichkeit ankam, ein gewisses Stillschweigen bemerkt hatte. Und das war mir nicht zum Ausstehen. Ich ging also meinen ganzen Lebenslauf mit Ihm, dem Freunde meiner Seelen durch, von Jahr zu Jahr, und fand manches, wodurch ich mich von der Einfalt in Christo verrücken lassen, hatte auch versucht, wie sich's raisonieren lässt. Aber meine so lange unheilbare Wunde hatte ich doch eigentlich in St. Blaise bekommen. Der Heiland machte mir klar, wie sehr ich Ihn und Seinen Jünger *(Zinzendorf)* mit meinem eigenen Willen betrübt. Das sei dem Bunde nicht gemäss, den Er mit mir gemacht. Darum habe Er so lange stille geschwiegen und mich gehen lassen, bis ich von ganzem Herzen begehren würde zu wissen, was Er gegen mich habe. Er habe mich zwar lieb, wäre aber nicht ganz

mit mir zufrieden gewesen, und darum habe Er auch
zugelassen, dass es so manches gegeben. Diese
Unterredung war wohl sehr schmerzlich für mich, und ich
lag als ein Toter vor Ihm, aber Er war doch mein Herr und
Gott, zu dem ich meine Zuflucht nahm, und der sich einmal
mit meiner Seele eingelassen. Ich kniete also meinem
barmherzigen Hohenpriester unter vielen Tränen vors Herz,
ließ mich von Ihm absolvieren und mir Seinen Frieden und
das Trostwort zusprechen: Nun ist alles wieder abgetan,
was zwischen mir und dir war. Von dem an ging ich wieder
mit Ihm als meinem besten Freunde um und fühlte Sein
Herz, das es so war, wie Er mir zugesagt hatte. Ich hätte am
liebsten gleich an den Jünger geschrieben, aber wir durften
nicht. Und im Frühjahr, da ich's mit Schiffen, die nach
Deutschland gingen, hätte tun können, wurde ich durch
unsere Reise nach Kasan, die schon im Februar vor sich
ging, daran gehindert.

11. Verbannung nach Kasan

Das flüchtende Gemeinlein bestand aus den drei Brüdern
Krügelstein, Helterhof und Fritsche, mir und meinem Kinde.
Das kam mir gar nicht unerwartet, denn ich hatte oft, wenn
ich so recht vertraut mit meinem Freunde über unsere
Umstände geredet, zur Antwort bekommen: Es würde noch
weiter gehen, dieses sei noch nicht ganz das rechte
Plätzchen, wohin Er uns haben wollte. Es sei mir noch nicht
die Zeit dazu. Und da es jetzt dazu kam, schreckte mich
zwar die Reise nicht, sondern nur die Umstände, die bei
solchen Gelegenheiten vorkommen. Ich bat also den lieben

Heiland sehr herzlich, über uns, Seine armen Kinder gnädiglich zu wachen und nicht zuzulassen, dass Satanas seine List an uns zum Schaden der Sache Jesu in diesem Lande ausüben dürfe, weder in Petersburg noch in Kasan. Ich war am meisten davor bange, sie möchten auch mit uns verfahren, wie sie mit dergleichen Leuten, wie wir waren, zu tun pflegten, wenn sie verschickt werden. Die nämlich eine ewige Untertänigkeit versprechen müssen. Und wer das nicht tun will, der wird so feste gesetzt, dass niemand etwas von ihm erfahren noch erfragen kann. Aber auch das hat der treue Heiland in Gnaden abgewandt, und man hat bei ihrer Entlassung aus Petersburg nichts mehr von ihnen zu unterschreiben gefordert, als dass sie nicht sagen sollten, wo sie gewesen und worüber sie befragt worden und das muss ein jeder tun, der da los kommt.

Aber ein Umstand machte ihnen doch wichtige Bedenken, ihre Namen zu unterschreiben. Es stand nämlich in dem vom Inquisitor gefertigten Entlassungs-Instrumente, dass sie sich enthalten sollten, die Herrnhutische Sekte in Kasan auszubreiten. Dagegen nun protestierte mein Mann und sagte: Er habe schon Anno 1747 beim Verhör in Livland gesagt, dass wir keine Sammler von Sekten wären, sondern bekennen uns zur Augsburgischen Konfession. Nun aber darunter verstanden wäre, dass er niemanden was vom Verdienste Jesu sagen solle, so könne er das nicht unterschreiben und wolle lieber auf der Stelle sein Leben lassen. Jesu, unser Herr und Gott habe selbst gesagt: Wer mich vor dem Menschen verleugnet, den will ich auch vor meinem Vater im Himmel verleugnen!

Aber sowohl die kaiserlichen Beamten selbst, als unsre guten Freunde und Geschwister, baten meinen lieben Mann es ja nicht so zu nehmen. Man wisse sehr wohl, dass sie rechtschaffene Christen wären. Diese Unterschrift würde und könne keine weiteren Folgen haben. Dabei baten sie recht herzlich, die Beschuldigung der Feinde doch nicht wahr zu machen, dass wir der Obrigkeit ungehorsam wären. Der Herr Sekretär Cheskotlif habe die ganze Schrift so eingerichtet, dass weiter nichts damit gesagt sei, auch sich niemand darauf berufen könne, denn sie verbände uns zu gar nichts, und die Unterschrift besage weiter nichts, als: Ich A. A. habe dieses gelesen, was ich unterschrieben. Überdies habe ja auch niemand in irgendeiner Sache etwas gegen uns und die ganze Kanzlei hielte uns für die besten Christen, die sie je gesehen.

Dieses befriedigte endlich die Brüder und bewegte sie, zu tun, was von ihnen verlangt wurde.

Für mich aber war noch ein viel schwerer Punkt übrig. Mein armes Kind mit auf die Reise zu nehmen, war mir schrecklich, und sie solange in Petersburg zu lassen, bis einmal Gelegenheit sein würde, sie in die Gemeine zu bringen, noch schrecklicher, denn da sah ich ihr volles Unglück auf ihre Lebtage vor Augen. In der Verlegenheit weinte ich meinem einzigen treuen Herzen viel vor und sagte ihm: „Wir sind ja beide Dein ererbtes Gut, das Du erschwitzt mit Deinem Blut, trete Du ins Mittel und hilf mir um Deines Namens Willen!" Darauf ging ich zu meinen Gefangenen, denen ich meine Verlegenheit sagte. Br. Fritsche nahm das Wort und sagt: „Es ist mir ganz klar, wir sollen das Kind mit nehmen, weil man doch noch nicht weiß, wann Br. Risler zur Gemeine geht. Du bist Mutter, und musst nach Leib und Seele für sie sorgen." Ich antwortete: „Das ist alles gut, aber ich bin sehr kränklich, und wenn ich heimgehe, wo bleibt mein Kind?" Fritsche antwortete: „Es ist mir ganz ausgemacht, du gehst nicht in Kasan heim, sondern du wirst noch das Vergnügen haben, dein Kind selber in die Gemeine zu bringen. Widrigenfalls, wenn es verderben würde und hernach nicht mehr in die Anstalten passte, so würdest du dir das nimmermehr vergeben können. Freilich, mehr Sorgen und Mühe wirst du haben, das ist aber deine Schuldigkeit. Selbst mir ist das Kind ein besonderes Kleinod, weil es uns der Heiland in der Gefangenschaft geschenkt hat. Es ist ein Mitgefangener des Herrn. Sollte Er nicht über sie wachen, und dich und sie verwahrt zu Seinem Volke bringen? Das kann nicht anders sein."

Weil ich nun vor Bekümmernis nicht viel sagen konnte, und mein lieber Mann mich versicherte, er dächte wie Br. Fritsche, so nahm ich sie im Namen des Herrn mit und wurde in meinem Herzen ruhiger, außer wenn ich mir meinen Heimgang vorstellte. Da war ich ganz untröstlich. So wie der Fürst der Finsternis uns die Zeit über als den Knochen zum Nagen in seinen Zähne zu verbeißen gehabt, so suchte er immerfort, sich an uns zu reiben. Die armen Brüder konnten die gewaltigen Erschütterungen im Wagen auf den schlechten Wegen und Knüppelbrücken nach so langem Stillesitzen kaum ertragen. Besonders hatte mein Mann viel auszustehen, denn er war durch viele Krankheiten schon so zum Gerippe geworden, dass man ihn nicht ohne Mitleiden ansehen konnte. Er wurde auch bald sehr krank, so dass wir in Nowogorod etliche Tage stille liegen mussten. Wir fanden überall unbeschreibliche Schwierigkeiten vor uns, da sonst gewiss keine sind. Denn die Leute hier sind von guter Art, sehr stille und fromm und ehrlich im Handel und Wandel. Ich kriegte sie lieb und wünschte ihnen herzlich einen Besuch vom Herrn.

Da mein Mann etwas besser wurde, reisten wir weiter. Die Krankheit nahm aber wieder zu und wir kamen mit vieler Mühe und Not nach Moskau, woselbst wir einige Tage ausruhten, bis sich mein Mann wieder erholte. Das war aber erst die Hälfte unserer Reise.

Als wir von hier wieder abreisten und gegen Abend über einen Fluss setzen wollten, wurden wir auf einmal von Räubern überfallen. Wir hatten von Petersburg eine Wache von 1 Sergeanten und 3 Mann tatarischen Soldaten bekommen. Die wurden von den Räubern jämmerlich geschlagen, wie auch Br. Fritsche, und einer gab unserm Sergeanten einen so heftigen Streich über den Kopf, dass er wie tot zur Erde fiel. Mein Mann hatte 24 Stunden mit dem armen Menschen zu tun, bis er ihn nur wieder zu sich selbst brachte. Er blieb aber seitdem blödsinnig.

Dieser Schreck setzte meinem ohnehin schwachen Mann so zu, dass er täglich entkräfteter wurde und durch ein hitziges Fieber ganz ohne Gedanken wurde. Ich musste ihn wie ein Kind pflegen und warten. Sein Mund war wie verbrannt und die Zunge wie verwelkt – und ich hatte nicht einmal Wasser, ihn zu laben. Da hab ich den Heiland oft gebeten, ihn mit seinem Durst zu trösten.

Die schlechte Jahreszeit machte, dass wir sehr viele und große Gefahren auszustehen hatten.

Als wir endlich nach Walodomir kamen, glaubte ich, dass mein lieber Mann wohl allda würde begraben werden. Ich hätte ihm gerne was Gutes getan, aber da war nichts zu haben, als geschrotenes Brot. Weil eben die Fasten waren, so wollten uns die schlechten Leute auch weder Fleisch noch Butter geben. Sie wollten uns auch nicht einmal beherbergen, weil wir eine Wache hatten.

Wir blieben aber doch zwei Wochen dort, reisten dann weiter und kamen noch bis zur Stadt Murum an der Ocka. Unterwegs wurde mein Mann von der großen Hitze und dem Rauch in den Dörfern und der entsetzlichen Erschütterung auf den Knüppelbrücken immer gefährlicher krank, so dass er Sprache und Verstand verlor. Ich dankte dem lieben Heiland, dass wir unter menschenliebende Leute gekommen waren, die uns mit allem, was sie hatten, dienten, ja, uns sogar liebten, als besondere Christen und Kinder Gottes. Es war uns auch sehr wohl unter ihnen. Ich glaube, dass sie einmal unter die Zahl derjenigen aus Gnaden werden gerechnet werden, von denen es heißen wird: „Kommt her, ihr Gerechten. Ich bin krank gewesen, und ihr habt mich besucht." Hier war aber auch die Not in Ansehung meines Mannes aufs Höchste gestiegen, denn er konnte nicht mehr schlingen, noch die Zunge bewegen.

Da fing die Kreatur an, mit ihrem Schöpfer zu rechten, und ich konnte mich nicht mehr raffen. Denn da ich mir nichts gewisser vorstellen konnte, als den Heimgang meines Mannes , so fing ich an, zu verzagen und drüber zu denken, wo ich alsdann bleiben und wie es mir ergehen würde.

Denn mich in Gesellschaft eines Witwers und eines ledigen Bruders und zwar in einem Lande und unter einem Volke zu sehen, bei dem so was etwas alltägliches ist, mir aber das härteste zu sein schien, da sah ich wohl, dass mir Schmach und Lästerung, anstatt Ehre für die Sache des Heilands heraus kommen würde. Wie ich aber zurück kommen sollte, wenn ich auch Erlaubnis dazu kriegte, davon konnte ich mir keine Vorstellung machen – und einmal konnte und wollte ich nicht bei den zwei Brüdern alleine sein und bei ihnen wohnen. Als ich nun über diesen Gedanken beinahe in Verzweiflung geriet, trat auf einmal das treue und mich liebende Herz Jesu ins Mittel und setzte auch diesen Meereswogen ein Ziel. Die zwei Brüder, die mich in diesem Zustande sahen, dass kein Trost mehr haften wollte, sagten es meinem Mann. Und der Heiland gab ihm Gnade, dass er sich aus seiner großen Schwachheit etwas erholte und sich zu meiner großen Verwunderung, da er lange vorher kein Wort reden konnte, umständlich und gründlich über unsern bisherigen Gang und besonders über diese Reise mit mir unterredete und unter anderem sagte: „Sei nicht melancholisch über diese Umstände. Du weißt ja, dass der Heiland schon anno 1733 darauf gedeutet hat, dass wir nach Asien gehen sollten und den Weg über Russland nehmen. Da hat aber der Feind eine Hinderung darin gemacht, dass die Sache über der Reise nach Livland ins Stocken geraten ist. Ich habe mich nie darüber zufrieden geben können. Nun aber werde ich vom lieben Heilande, mit dem ich unter allen Leibes- und Seelenschwächen einen ununterbrochenen Umgang behalten habe, dadurch befriedigt, selbst von russischer Obrigkeit dahin geschickt zu werden, um Asien doch zu sehen und zu betreten. Meine große Schwachheit ist die natürliche Folge der großen Veränderung meiner bisherigen Lebensart. Sie gehört mit zur endlichen Vollendung aller meiner bisherigen Leiden. Und es ist mir eine Gnade, dass ich auch im Leiden meinem Freunde ähnlich werden darf. Der Heiland wird mich aber gewiss wieder herstellen, dass ich das Ziel unserer Reise erreichen kann. Zu Kasan aber werde ich heimgehen und du wirst meine Gebeine dort begraben und danach mit unserm Töchterlein zur Gemeine zurück können und dort mit unseren gesamten Kindern noch viel seliges Gutes und Barmherzigkeit vom lieben Heilande, Seinem Hause und Volke genießen."

Nach den Osterfeiertagen traten wir unsere weitere Reise zu Wasser an. Mein lieber Mann besserte sich von da an immer mehr, doch musste ich ihn wie ein Kind sorgfältig pflegen. Wir erlitten auf dieser Reise noch viele Not, kamen auch dreimal in augenscheinliche Lebensgefahr, erreichten aber endlich am 27. April Kasan glücklich.

Da trafen wir alles besser, als wir uns vorgestellt hatten, und fanden ein liebes Volk, das uns mehr Ehre und Liebe erwies, als wir anzunehmen im Stande waren. Auch freute sich der Herr Gouverneur über unsere Ankunft. Bei alledem war aber doch so eine drückende Luft zu fühlen, dass ich oft hätte vergehen mögen. Ich bat den lieben Heiland zum wenigsten um eine Seele, dass ich mich doch ein wenig freuen könnte. Und als sich an etlichen Russen und Türken spüren ließ, dass das Wort vom Kreuz Eingang fände, so gereichte es mir zur großen Erquickung. Aber die Verheißung hatte ich gewiss in meinem Herzen, dass der Heiland noch einmal eine Tür hier auftun und meine viel

tausend Tränen und Seufzer für dieses Land in Erfüllung
bringen würde.

*Br. Krügelsteins Zustand besserte sich merklich und er
konnte auch wieder als Arzt tätig sein:
Er kriegte bald eine starke Praxis und besorgte seine
Patienten so pünktlich, als ob er selbst nicht krank wäre.
Weil er aber gar zu viel zu tun und oft viel zu gehen hatte, so
jammerte dieses einen russischen Offizier, so dass er ihnen
zu ihrem Wagen ein Handpferd schenkte, wodurch sie
zugleich das zu ihrer Haushaltung nötige Wasser konnten
zuführen lassen. So wie er viele Kranke besuchte, so wurden
noch mehrere zu ihm gebracht. Der Hof vor seinem Hause
sah oft einem Markt nicht unähnlich und der Zulauf wurde
endlich so groß, dass er und Br. Fritsche – sein Dolmetscher
und Apotheker – oft weder essen noch trinken konnten. Denn
der Heiland segnete seine Kuren ausnehmend. Viel beinahe
erblindete Leute kamen wieder zu ihrem Gesicht. Viele
Lahme kriegten wieder Kräfte zu gehen, ja Leute, die halb
verfault waren, wurden wieder hergestellt.
Unter anderem war ein Pfefferkuchenbäckerlehrling auf zwei
Krücken zu ihm gekommen, der wurde nach geendigter Kur
so frisch, dass er wieder laufen konnte, wohin er wollte.*

Unsere Umstände hier in Kasan waren wohl viel leichter, es
fiel mir aber doch sehr schwer aufs Herz, dass wir jetzt
noch weiter von der Gemeine entfernt wären und zu Ende
des Jahres 1759 war ich voll Schmerz und Kummer
darüber. Aber am 1. Januar 1760 kam ein russischer
Kaufmann und brachte uns ein Paket Briefe, Nachrichten

und Losungen mit, welche uns das elende Leben hier gar sehr erleichterten. So lieb und angenehm ist mir noch keine Losung gewesen. Oft dachte ich: Ach möchte ich doch dies edle Kleinod immer recht gebrauchen und nach seinem Wert schätzen.

Im übrigen verbrachte ich meine Zeit viel mit weinen und beten und sagte oft zu meinem lieben Heiland mit einem wehmütigen Herzen: Ich wollte gerne alles über mich ergehen lassen, nur wollte ich mir die süße Rache von Ihm erbitten, dass der Fürst der Finsternis sein Recht und Gewalt, das er für die Zeit über dieses Land noch zu haben glaube, darum verlieren und es ihm abgesprochen werden möchte, weil er seinen Mut an uns durch mancherlei Plagen reichlich kühlen könne. Und ich muss sagen, wenn ich so recht vertraut darüber mit meinem lieben Heiland geredet habe, so hat er mir manchmal einen gar gnädigen Anblick gegeben und die Versicherung, dass auch noch in diesem Lande ein Licht aufgehen werde. Und das hat mir's verträglich gemacht.

Am 23. November dieses Jahres ging unser lieber Bruder Fritsche heim und 8 Tage darauf am 30. November wurde auch mein lieber Mann krank und am 9. Dezember 1760 ging er, im 63. Jahre seines Alters, und in einer mehr als 13jährigen Gefangenschaft, in seines Herrn Freude, ewige Freiheit und Friede ein.

12. Heimkehr nach Herrnhut

Nachdem nun dieser mein treuer Ehe-Engel von mir geschieden war, ließ ich's gleich dem Herrn Kommandanten Plaisin melden, der aus zärtlicher Liebe zu meinem lieben Mann sehr besorgt um mich war, dass ich gut und sicher nach Petersburg kommen möchte. Er schrieb auch gleich an den Inquisitor um einen Pass und Reisegeld. Ersteres erhielt ich nach sechs Wochen, aber kein Geld, welches ganz nach meinem Herzen ausgefallen war. Und der Heiland hat auch so augenscheinlich für mich gesorgt, dass mir vor Beugung gar oft die Augen übergegangen sind. Er hat unbeschreibliche Wunder an Barmherzigkeit an mir bewiesen.

Mein lieber und sehr betrübter Bruder Franz Helterhof wollte erst nach Astrachan an Herrn Rendel schreiben, dass der mich abholen und begleiten möchte, weil die Straßen durch eine herum streichende Nation sehr unsicher waren, und man viel vom Rauben und Morden hörte. Ich wagte es aber auf den Heiland als meinem ewigen Mann, in dessen Pflege und Schutz ich mich mit allem ergeben hatte. Es fiel mir nicht ein, dass mir etwas Übles begegnen könnte.

Als ich eben im Begriff war, meine Reise in seinem Geleite anzutreten, fügte es der Heiland, dass ein holländischer Kapitän namens Darnstein in zwei Tagen denselben Weg reisen musste. Der nahm mich mit Freuden in seine Gesellschaft auf, und wir reisten am 21. Januar 1761 von Kasan ab.

Der Abschied von dem einzigen zurück gebliebenen Gefangenen, Br. Helterhof, war von ganz eigener Art, die meinem lieben Heiland allein bekannt und nicht in Worte zu fassen ist.

Der Herr Kapitän bewies unbeschreibliche Liebe und Treue an mir und meinem Kinde und hat oft sein eigen Leben um unsertwillen dran gewagt, besonders am 29. Januar, da wir schon unser Grab in der Wolga zu finden glaubten. Denn das Eis fing an, schwach zu werden und zu brechen. Auch waren schon einige Schlitten eingebrochen. Auszuweichen war da nicht möglich, denn auf einer Seite war das Wasser schon offen, und auf der andern hatten wir mit Sträuchern bewachsenes, sehr steiles und hohes Ufer. Da kam der Herr Kapitän selbst durchs Wasser, brach von den Sträuchern ab, legte sie auf die Löcher und führte meine Pferde beim Zügel herüber. Und so kamen wir, durch die Beihilfe unsers Herrn, aus einer Not, darin wir von mittags bis 11 Uhr des Nachts steckten. Mir aber wars ausgemacht, dass wir da nicht bleiben würden. Der liebe Mann hat die ganze Reise hindurch wie ein Vater für mich gesorgt und mir beständig einen von seinen Bedienten zur Seite gehen lassen. Und wenn Not kam, stieg er selbst aus und kam mir mit noch mehreren zu Hilfe. Er hielt auch mich und mein Kind ganz frei, gab uns überall für seine Verwandten aus und ich besorgte unter diesem Namen alle unsere Sachen aufs beste. Wir waren immer in einer Gesellschaft von 18 Schlitten gefahren.

Mein Kind brachte ich sehr krank an den Blattern nach Moskau. Weil ich aber daselbst ein sehr schlechtes Quartier hatte, darin ich vor Schneegestöber kaum bleiben konnte, auch überdies mein treuer Reisegefährte mich noch bis Novogorod mitnehmen wollte, so machte ich mich mit meinem kranken Kinde auch wieder auf. Und der liebe Heiland verhütete alle üblen Folgen.

Hier aber war der Herr Kapitän meinethalben sehr verlegen, denn die Fuhrleute hatten untereinander Böses über mich beschlossen, so bald sie allein mit mir sein würden. Dieses hatten seine Bedienten alles gehört, wiewohl die Fuhrleute nichts drum wussten. Da er nun sehr verlegen war, trafen wir ganz unverhofft einen russischen Leutnant von der Samonowskischen Garde namens Milkanoth, Bruder Köhlers guten Freund an, der von Moskau, woselbst wir ihn schon gesehen, nach Petersburg reiste. Das war eine große Freude. Diesem übergab mich der Herr Kapitän, als seine Anverwandtin, und unsre Pässe und Fuhrleute seiner genauen Aufsicht mit den Worten: „Alles, was Sie an ihr tun, werde ich so ansehen, als hätten Sie mir es selbst getan." Er bat auch, dass ich mit meinen Fuhrleuten in die Mitte kommen möchte, damit sie nicht mit mir zurück bleiben könnten.

Ich nahm also mit dankbarem Herzen von meinem getreuen Wohltäter Abschied, welcher sodann nach Livland reiste. Der Leutnant richtete alles aufs beste aus, was ihm von meinem Freund aufgetragen war, und brachte mich, „wie Kindlein, die auf Erden mit Fleiß bewahret werden", am 24. Februar zu seinem und meinem guten Freund, dem Bruder Köhler nach Petersburg.

Wie froh und dankbar war ich, mich nun wieder unter Geschwistern und unter Menschen zu sehen, denn ohne die beiden Offiziere, die mir der Heiland als Pflegeväter beschert hatte, war ich recht unter Unmenschen.

Hier aber traf ich wieder neue Schwierigkeiten, einen Pass zu meinem weiteren Fortkommen zu erhalten, davon mir jedermann die Unmöglichkeit vorstellte. Denn ohne den aus Kasan vorzuzeigen, war es nicht möglich, einen anderen zu bekommen, und in demselben wurde einer Sache erwähnt, die leicht hätte Nachfrage verursachen können.

Dieses machte mich sehr verlegen. Ich legte aber auch das, nach meiner Gewohnheit, meinem ewigen Mann ans Herz und weinte, und bat ihn, meine Sache selber auszuführen und Leute zu erwecken, die sich willig finden ließen mir zu dienen.

Br. Köhler ging mit mir zum Herrn Secretair von der geheimen Kanzlei, der mich sehr freundlich aufnahm und mit tränenden Augen beklagte. Er fragte mich weiter nicht viel als nur, wie man uns in Kasan begegnet habe. Als ich ihm sagte, sehr wohl, freute er sich darüber.

Ich blieb beinahe drei Monate in Petersburg und jedermann glaubte, ich würde ein Zeitlang dableiben müssen. Allein ich hatte immer Hoffnung, bald da weg zu kommen.

Br. Köhler und Hagemann gingen mit mir auf das Reichs-Collegium zum Sächsischen Legations-Secretair, einen Pass zu holen. Dieser aber gab zur Antwort: Weil ich aus Sachsen wäre, müsste ich von dem Sächsischen Minister einen Schein bringen. Des Br. Hagemann Secretair nahm meinen Kasachischen Pass mit sich. In derselben Nacht aber kam Feuer in seinem Hause aus und mein mir schädlicher Pass ging mit verloren, darauf ich, auf mein inständiges Bitten, einen unter des Sächsischen Ministers Namen erhielt, mit welchem ich noch auf die Admiralität und Polizei ging, um denselben unterschreiben zu lassen.

Wie beschämt war ich da, als auch dieser große Stein weggefallen war, und weinte vor Freuden. Nun ruhte ich aus und tat mir recht viel zugute an den Wunden meines geliebten Heilandes, nach so manchen schlaflosen Nächten, darinnen mich seine Einsamkeit und Verlegenheit am meisten aufgerichtet hatte. Und so reiste ich mit meinem Töchterchen, als einem besonderen Präsent, das ich mit aller Treue und Sorgfalt wie einen Augapfel bewahrt hatte, nur in Begleitung des Bruders Kreimanns den 18. Mai abends um 8 Uhr von Petersburg zu Wasser ab. Der Abschied von den Geschwistern war auf beiden Seiten schmerzhaft.

Es kam bald ein großer Sturm aus Westen uns entgegen und weil noch dazu eine Mondfinsternis einfiel, wurde es so stark finster, so dass wir nichts anderes als unseren Untergang vor uns sahen. Wir waren überladen und die Newa hatte an dem Ort viele Sandbänke. Wir liefen also in großer Gefahr wieder zurück unter Petersburg, und lagen da, bis es Tag und der Wind favorable wurde.

Den 19. Mai kamen wir nach Kronstadt. Da wurde ich auch wieder gequält und nachdem sie mich genug geplagt hatten, konnten wir den 20. unter Segel gehen.

Da wir nun das letzte Hindernis, das Brandschiff, passiert hatten, sah ich mir noch einmal das Land meiner Trübsal mit tränenden Augen an und befahl es dem gnädigen Herzen Jesu auf eine ganz besondere Art! Ich bin's gewiss, er hat sich's gemerkt. Über meine noch übrige Reise fiel mir nichts Schweres ein. Ich fühlte mich gleichsam umschlossen von den blutigen Armen meines Geliebten. Und so habe ich es auch erfahren.

Der Schiffer schien anfangs ein rauher Mann zu sein. Wir hatten aber nachgehend einen rechten Vater an ihm, und als wir nach Lübeck kamen, konnte er seinen Freunden und allen Leuten nicht genug von mir und meinem Kinde erzählen. Wir mussten auch in sein Haus kommen und wurden da wie die Engel Gottes aufgenommen.

Der Steuermann war noch ein junger Mensch und ein sehr lieber Mann, der wie ein Bruder war. Auch sehr fleißig in des seligen Jüngers Reden las, die wir mit uns hatten. Wir hatten eine recht selige und vergnügte Seereise mit diesen Leuten.

In Lübeck erwies mir Br. Karstens viele Liebe und besorgte auch meine weitere Reise nach Lüneburg, die ich am 8. Juni antrat. Meine Freude vermehrte sich, je näher ich meinem erwünschten Örtchen kam. Daselbst mussten wir vom 12. bis 21. Juni bleiben. So wie aber auf der ganzen Reise, zu Wasser und Land, das treue Aug und Wächter meiner Seele über mir gewacht hatte, so erfuhr ich es auch hier ganz besonders. Denn die 10 Tage unseres Aufenthalts allhier waren alle Tage so heftige Gewitter, als bei Menschengedenken nicht gewesen sein, und so starke Regengüsse, dass die Straßen ganz davon verdorben wurden.

Endlich reisten wir auch von da ab, sehr ruhig und ungestört, und obgleich alles mit Krieg umgeben war, sahen wir doch nichts davon. So kamen wir dann am 5. Juli 1761 gesund und wohl, zu meiner unbeschreiblichen Freude, in meinem geliebten Herrnhut an. Ach was Dank- und Freudentränen flossen über die Wangen, dass mein treuer und lieber Heiland nicht nur mich, sondern auch das mir

vertraute Pfand, mein Töchterchen, in die Arche gebracht. Und so legte ich das Kind zu seinen Füßen, mit der Bitte, sich ihre Seele Ihm angenehm sein zu lassen, und sie ganz zu seinem Eigentum und Freude zu machen.
Diese Reise von Kasan bis Herrnhut macht ungefähr 500 Deutsche Meilen. *(Das sind 3750 Kilometer.)*

Herrnhut, Witwenhaus

Mit diesen Worten enden die persönlichen Aufzeichnungen von Anna Krügelstein. Über die letzten 17 Jahre ihres Lebens wurde in ihrer Begräbnisfeier noch folgendes berichtet:

13. Die letzten Lebensjahre

Nachdem nun unsere selige Schwester am 5. Juli glücklich und wohlbehalten mit ihrem Töchterlein hier angekommen war, so wurde sie am 10. darauf ins Chor der Witwen eingeleitet, wozu sie den Segen empfing. Auch bei dieser Veränderung übergab sie sich dem Willen unsers lieben Herrn und empfand in seiner lieben Nähe reichen Trost. Weil sich's so schön machte, dass eben ihr Geburtstag war, hatte sie mit dem Chore ein Liebesmahl. Dank- und Freudentränen flossen dabei von ihren Wangen für die gnädigen Durchhilfen und Bewahrungen unsers lieben Herrn in so mancherlei Not und Gefahr.

Besonders war ihr Herz voll Lob und Dank, dass der liebe Heiland ihr sehnliches Verlangen in Gnaden erfüllt, und sie wieder auf ihr erstes Plätzchen nach Herrnhut gebracht habe, da sie nun mit allen ihren Kindern in dem Schoße der Gemeine sei, wo sie ihren stillen seligen Sabbat halten wollte.

Am 21. Juli zog sie in ihr Chorhaus und die Losung des Tages „Sei nur getrost und sehr freudig, und nach erfülltem Grade in deines Mannes Nähe getröstet." war ihr sehr merkwürdig. Sie wurde als eine Gehilfin im Chore gebraucht. Nach dem Synodo 1764 kam sie mit zum Directorio, ging mit demselben anno 1766 nach Zeist und anno 1768 in Gesellschaft unserer lieben Geschwister von Dohna und Petrus Böhlers nach England, und kam anno 1769 nach dem Synodo wieder hierher ins Chorhaus.

Anno 1770 erhielt sie von der Unitäts-Ältesten-Konferenz den Antrag, mit den Geschwistern von Treyden nach

Curland zu gehen. Ob es ihr wohl anfänglich schwer
ankam, wiederum die Gemeine zu verlassen, so nahm sie es
doch mit willigem Herzen an.

Unsere liebe Schwester v. Treyden gibt von dem Aufenthalt
und treuen Dienst der Seligen bei ihnen folgende Nachricht:
„Wir waren dem Heiland sehr dankbar, dass Er uns diese
Seine, durch so viele schwere Proben bewährte Dienerin, als
eine Gehilfin unserer Freude und auch des uns betroffenen
Leides, mitgeben wollen. Sie stund uns treulich mit Rat und
Tat bei und ist besonders mir, da ich durch meines seligen
Mannes Heingang als eine in der Fremde verlassene Waise
zurück bleiben müssen, zum wahren Trost und Nutzen
gewesen. Ihr herzvertraulicher Umgang mit dem
Schmerzensmann erleichterte ihr und mir alles Schwere.
Denn wie sie an meinen Umständen so nahen Anteil nahm,
als wenn sie es selber betroffen hätte, so redete sie auch
über alles, es mochte groß oder klein sein, mit dem Heiland
und legte es ihm an sein treues Herz. Sie blieb auch in
Curland nicht ohne mancherlei Erfahrung, aber auch nicht
ohne gesegneten Nutzen, der zu seiner Zeit Frucht bringen
wird.

Vornehme und Geringe hatten Hochachtung, Liebe und
Vertrauen zu ihr. An mir und meinem Kinde bewies sie
unbeschreibliche Liebe, Treue und Pflege, bis an ihr Ende,
die ihr der Heiland nunmehr vergelten wird. Ich habe durch
sie eine respectable Mutter und intime Herzensfreundin
verloren, darüber mich der allein trösten kann, der sie mir
so unerwartet und geschwinde entrissen. Anno 1773, den
29. September kam sie mit mir und meinem Kinde aus
Curland in Herrnhut an, froh und dankbar für die von

unserem Herrn erfahrenen Gnadenbeweise und
Barmherzigkeiten auf allen Seiten."
Bei der Einrichtung der großen Helfer-Konferenz 1775
wurde sie auch ein Mitglied derselben, desgleichen unter
den Besuchern im Chore, und legte sowohl ihr Chor als das
ganze Werk des Herrn fleißig an das treue Herz Jesu, des
Erbarmers, nicht müde zu werden, bis Er alle Seine
Friedensgedanken über seine Brüder-Unität seliglich
ausgeführt habe.
Was ihre Krankheit anbelangt, so kam sie am 26. April noch
in die Chorviertelstunde, wurde aber von einer sehr großen
Schwäche überfallen. Und ob man ihr gleich zuredete,
wieder nach Hause zu gehen, so wollte sie doch noch der
Chorversammlung, welche unser lieber Bruder Johannes
hielt, beiwohnen, weil sie glaubte, dass es wohl ihre letzte
sein werde. Sie sagte zu ihrer Chorhelferin, dass sie einen
aparten Ostermorgen gehabt, da sie mit dem Heiland über
alles ausgeredet, und auch die Versicherung von Ihm
erhalten habe, dass Er sie bald zu sich nehmen würde.
„Ach", sagte sie, „wie wird das Sünder-Liedchen klingen,
wenn ich bei meinem Geliebten bin! Ich werde mich über
mein Seligsein doch niemals anders als schamrot freuen
usw. Taten habe ich keine aufzuweisen, es ist alles mit
Fehlern bedeckt, dass ich mir immer sagen muss: „Vergib,
was ich versehen!"
Die Entkräftung nahm gleich so überhand, dass sie am 27.
auf die Krankenstube musste gebracht werden. Ungeachtet
aller angewandten Mittel der Medici sah man bald, dass
diese Krankheit zu ihrer Vollendung sein würde.

Wegen großer Hitze und Engigkeit auf der Brust konnte sie wenig reden, doch war sie sich meist gegenwärtig und sah die Besuchenden mit freundlichen Blicken an, wodurch sie ihr inniges Wohlsein zu verstehen gab. Wenn ihr Heimgangsverse gesungen wurden, hörte man sie die letzten Worte noch beten, bis am 30. April 1778 abends in der neunten Stunde der selige Moment eintrat, da diese Magd Jesu mit dem Segen der Gemeine und ihres Chores, unter einem fühlbaren Gottesfrieden, nach einer dreitägigen Brustkrankheit und merkwürdigem Lauf durch diese Zeit, in ihres Herrn Freude einging.
Ihr Alter hat sie gebracht auf 65 Jahr, weniger 10 Wochen.

Lebensdaten der Anna Krügelstein, geborene Gold

1713 am 10.7. in Zauchtenthal/Mähren geboren
1727 mit den Eltern Flucht nach Herrnhut
1732 als Betreuerin der gräflichen Kinder in Ebersdorf
1733 am 8. September in Herrnhut Heirat mit Dr. David Siegmund Krügelstein
1736 mit der Pilgergemeine nach Ronneburg und Frankfurt
1737 nach Berlin
1738 nach Livland (eigentliches Ziel Persien)
1740 Rückkehr nach Herrnhut
1741 mit der Pilgergemeine nach Genf
1742 über Kopenhagen nach Livland
1747 nach Gefangennahme von Dr. Krügelstein Rückkehr nach Herrnhut
1748 nach Lindheim als Pflegemutter in der Knabenanstalt
1750 Umzug mit der Knabenanstalt nach Marienborn
1751 Reise nach Petersburg zur Betreuung der Gefangenen
1758 Verbannung nach Kasan
1760 am 9.12. stirbt David Siegmund Krügelstein
1761 Rückkehr nach Herrnhut

1766	mit dem Direktorium nach Zeist	
1768	mit der Familie von Zinzendorfs Tochter Maria Agnes nach England	
1769	Rückkehr nach Herrnhut	
1770	mit Geschw. von Treyden nach Curland	
1773	Rückkehr nach Herrnhut	
1778	am 30. April in Herrnhut gestorben	

Kinder

	geboren am	in
Siegmund Leonhard	21.01.1735	Herrnhut
Christian Ludwig	23.11.1736	Frankfurt
Anna Benigna	07.01.1742	Marienborn
David	29.09.1743	Livland
Johann Friedrich	29.01.1748	Herrnhut
Johanna Christiana	02.10.1753	Petersburg